에스더서에 하나님의 이름이 등장하지 않기 때문에 정경으로서의 가치에 대해 의문을 던져 왔지만, 현재 신학계는 에스더서 장면마다 섭리 가운데 역사하시는 하나님의 손길이 존재함을 인식하고 있다. 바크후이젠은 이 신학적 문제를 가독성 있게 풀어내고, 문예적 관점에서 에스더서에 나타난 드라마틱한 내러티브 기법의 절묘함을 잘 담아내고 있다. 하나님의 역사하시는 손길이 잘 보이지 않는 것 같은 오늘날, 이 책은 우리 가운데 여전히 역사하시는 하나님의 손길을 느끼게 할 것이다.
— 김진규 교수, 백석대학교 구약학

저자는 에스더서의 특징과 내용을 면밀하게 살펴서 이 땅에서 자기 백성과 함께하시고 구원하시는 하나님의 역사를 생생하게 보여 준다. 이 책의 친절한 안내를 따라 본문을 읽고 탐구하는 가운데 독자는 보이지 않는 능력의 손길에 의해 변화되어 가는 자신의 삶을 발견하게 될 것이다.
— 성주진 교수, 합동신학대학원대학교 구약학

나는 이 책을 단숨에 읽었다. 이 책은 그 정도로 재미있다. 저자는 에스더서가 역사적인 책이지만 그 내용을 문학적으로, 신학적으로 풀어내면서 무대 뒤에 계신 하나님을 잘 드러내었다. 그는 에스더의 이야기가 우리의 이야기임을 강조한다.
— 신득일 교수, 고신대학교 구약학

저자는 에스더서 내용을 따라 흥미진진하게 독자를 안내한다. 에스더서에 하나님이 직접 언급되지 않음은 하나님의 '부재'를 의미하는 것이 아니라 '은폐 속의 현존'으로 함께하시는 하나님임을 말하는 것이라고 저자는 강조한다. 이를 통해 부림절이 이민족들'로부터'의 구원이 아니라 이민족들 '안에서'의 구원을 말하는, 디아스포라의 유월절임도 분명하게 드러난다.
— 하경택 교수, 장로회신학대학교 구약학

스터디 바이블보다는 더 깊이 있는 책을 찾되 딱딱한 학술적 주석에는 선뜻 손이 가지 않는 독자에게 〈일상을 변화시키는 말씀〉 시리즈는 맞춤형 선물이다. 이 책에서 저자는 고대 페르시아 시대의 "무대 뒤에 계신 하나님"의 섭리의 빛에서 이 시대에 현존하는 하나님의 임재와 섭리를 발견하도록 도전하며 실제적 지침을 제공한다. 에스더서의 메시지를 다른 구약 및 신약 본문과 연결하여 통전적으로 이해하는 저자의 통찰도 매우 유익하다.

― 황신우 교수, 총신대학교 신학대학원 구약학

이 작은 주석서는 이야기의 흐름을 계속 따라가는 한편, 흥미로운 지식들을 제시하고 있다. 또한 나처럼 유대인과 비유대인의 결합으로 구성된 집안 배경을 지닌 이들에게, 이 책은 우리가 지닌 풍성한 전통을 상기시켜 준다. 그 전통은 곧 자신의 백성을 구하기 위해 역사 속에서 일해 오신 자비로우신 하나님에게서 온 것이다. 그분은 자신의 백성을 애굽의 속박과 바사의 학살, 그리고 궁극적으로는 지옥의 영원한 형벌에서 건져 내셨으며, 이 일은 십자가에 못 박히신 메시아가 적절한 때에 이루신 구원을 통해 이루어졌다. 이 책은 늘 함께하시는 하나님을 기뻐하며 신뢰하도록 여러분을 격려할 것이다.

― 글렌 라이언스, REACH-SA(남아프리카공화국 개혁파 복음주의 성공회 교회) 의장 주교

웨인 바크후이젠은 그의 책 『무대 뒤에 계신 하나님: 에스더』를 통해 전 세계에 있는 그리스도의 교회에 큰 유익을 끼쳤다. 간결하면서도 매력적인 문체로 쓰인 이 책에서, 웨인은 역사적인 관점에서 에스더서를 살필 뿐 아니라 모든 등장인물들을 구체적으로 묘사하는 데도 성공하고 있다. 이 책은 하나님이 그분의 섭리와 주권으로 모든 이의 삶을 다스리신다는 것과, 자신의 백성을 특별하게 돌보신다는 것을 생생히 일깨워 준다.

웨인이 일깨워 주는 바에 따르면, 에스더서는 가장 위태로운 상황일지라도 무대 뒤에서는 하나님의 사랑이 변함없이 역사하고 계신다는 점을 보여 준다. 그 사랑은 곧 궁극적으로 그분의 아들이신 우리 주 예수 그리스도가 십자가에 달리심으로써 드러난 사랑이다. 웨인은 독자들에게 에스더의 핵심 주제들을 소개하며, 마지막에 가서는 능숙한 솜씨로 이 주제들을 한데 모아 결론을 내린다. 그는 때때로 역사적인 배경도 언급하며, 이 유익한 설명들을 통해 그의 해설은 완전해진다. ― 프랭크 르티프, REACH-SA 전(前) 의장 주교

에스더서는 그리스도인 독자들에게 수많은 도전을 준다. 바크후이젠은 이야기 속으로 우리를 적절히 안내해 가며, 이를 통해 우리는 그 속에서 한 번도 언급되지는 않지만 하나님이 그 배후에 계시면서 자신의 백성과 함께하심을 이해하게 된다. 이런 그의 안내와 더불어 그의 책 전체에서 나타나는 신학적 성찰은 오늘날에도 에스더서가 중요한 이유는 무엇이며 그 중요성은 어떤 식으로 나타나는지를 보여 준다.

— 데이비드 퍼스, *The Message of Esther* 저자

웨인 바크후이젠은 우리에게 에스더서에 관한 신선하고 통찰력 있는 해석을 제시하고 있다. … 저자는 기독교의 성경인 이 책의 내용을 잘 살피도록 우리를 이끌어 가며, 이를 통해 우리는 그 유대 백성의 역사 속에 관여하신 하나님의 장엄한 섭리를 더 깊이 헤아리게 된다. 평이하게 쓰인 이 책은 설교자와 교사들, 일반 독자들 모두에게 도움이 될 것이다.

— 데이비드 세콤브, 남아프리카공화국 조지 휫필드 칼리지의 전 학장

여러분이 에스더서의 내용을 이해하기 원한다면, 이 책이 바로 그 입구이다. 내 생각에 이보다 더 나은 길은 없다. 그리고 하나님이 가장 어두운 때에도 주권적으로 은밀히 역사하고 계심을 보여 주는 에스더서의 메시지는 국가적으로나 세계적으로, 또 개인적으로 깊은 고통과 시련에 처한 현재의 우리에게 깊은 연관성을 지닌 것으로 다가온다. 웨인은 구약의 작은 책인 에스더서가 곤경에 처한 우리의 현 상황에 어떻게 직접적으로 깊은 의미를 전해 주는지를 보여 준다. 그가 쓴 이 책은 또한 어떻게 커다란 다이너마이트가 작은 꾸러미 속에 담겨 전달될 수 있는지를 생생히 예증하고 있다. 그러므로 여러분은 이 책을 읽고 공부하며, 깊은 자극과 영감을 받기 바란다.

— 마이클 캐시디, 아프리칸 엔터프라이즈 설립자, *The Church Jesus Prayed For* 저자

Copyright ⓒ 2016 by Wayne K. Barkhuizen
Originally published in English under the title
God Behind the Scenes: *The Book of Esther*
by Lexham Press, 1313 Commercial St., Bellingham, WA 98225, U.S.A.
All rights reserved.

Translated and used by permission of Lexham Press.

This Korean Edition Copyright ⓒ 2018 by Jireh Publishing Company,
Goyang-si, Gyeonggi-do, Republic of Korea.

이 한국어판 저작권은 Lexham Press와 독점 계약한 이레서원에 있습니다.
신저작권법에 의하여 한국 내에서 보호받는 저작물이므로 무단 전재와 무단 복제를 금합니다.

무대 뒤에 계신 하나님: 에스더

God Behind the Scenes : The Book of Esther

무대 뒤에 계신 하나님: 에스더
God Behind the Scenes : The Book of Esther

웨인 바크후이젠 지음
송동민 옮김

초판 1쇄 인쇄   2018년 1월 18일
초판 1쇄 발행   2018년 1월 25일

발행처   도서출판 이레서원
발행인   문영이
출판신고   2005년 9월 13일 제2015-000099호

기획   이혜성
편집   송혜숙, 오수현
영업   박생화
총무   곽현자

경기도 고양시 일산동구 중앙로 1160 오원플라자 701호
Tel. 02)402-3238, 406-3273 / Fax. 02)401-3387
E-mail: Jireh@changjisa.com
Website: Jireh.kr / Facebook: facebook.com/jirehpub

책값은 표지에 있습니다.

ISBN 978-89-7435-499-2 03230

신저작권법에 의해 한국 내에서 보호받는 저작물이므로 저작권자의 서면 허락 없이 이 책의 어떠한 부분이라도 전자적인 혹은 기계적인 형태나 방법을 포함해서 그 어떤 형태로든 무단 전재하거나 무단 복제하는 것을 금합니다.

이 도서의 국립중앙도서관 출판예정도서목록(CIP)은 서지정보유통지원시스템 홈페이지(http://seoji.nl.go.kr)와 국가자료공동목록시스템(http://www.nl.go.kr/kolisnet)에서 이용하실 수 있습니다 (CIP 제어번호: CIP2018000287)

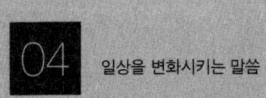
04 일상을 변화시키는 말씀

무대 뒤에 계신 하나님
: 에스더

God Behind the Scenes
The Book of Esther

웨인 바크후이젠 지음
크레이그 바르톨로뮤 편집
송동민 옮김

이레서원

"제비는 사람이 뽑으나
모든 일을 작정하기는 여호와께 있느니라"
(잠 16:33)

목차

1장	서론 · **11**	
2장	에스더의 초상 · **19**	
3장	내러티브: 이야기의 매력 · **28**	
4장	제1장 왕의 궁정에 있는 아름다운 유대인 처녀 · **45**	
5장	제2장 유대인이 학살당할 위기에 처하다 · **61**	
6장	제3장 유대인 왕비가 구출에 나서다 · **75**	
7장	제4장 한 유대인이 원수에게 높임을 받다 · **89**	
8장	제5장 유대인들의 원수가 최후를 맞다 · **104**	
9장	제6장 왕의 칙령으로 유대인들이 구원을 받다 · **114**	
10장	결론 · **130**	

참고 문헌 · **143**

1장

서론

누구나 좋은 이야기를 사랑한다. 이야기들은 흥미진진하고 긴장감이 넘치며, 듣는 이들의 마음을 사로잡게끔 쓰여 있다. 에스더서 역시 예외가 아니다. 동화의 상징과도 같은 머리말인 "옛날 옛적에"는 에스더서에도 잘 들어맞는다. (물론 동화는 꾸며 낸 이야기이지만, 그중에는 삶에 관한 진리를 전해 주는 것들도 많다.) 하지만 에스더서는 그저 독자의 마음을 즐겁게 하거나 진리를 전달하기 위해 서술된 이야기가 아니며, 사람들이 잊지 않도록 역사를 다시 들려주는 방편에 그치지도 않는다. 물론 에스더서에는 이 세 가지가 모두 담겨 있지만, 단순히 여기에만 머물지는 않는다. 그보다도 에스더서는 하나님께 속한 백성의 생존이 강대국의 손에 위협받고 있을 때, 하나님이 그 백성을 놀라운 방식으로 보호해 주신 일을 서술하는 이야기이다.

더욱 중요하게는, 에스더서의 이야기는 하나님이 한 유대인의 자손을 통해 이 세상을 구원하시려는 자신의 궁극적인 목적을 어떻게 이루어 가시는지를 기술하고 있다(창 3:15; 12:2-3; 삼하 7:16). 만일 바사 제국 전역의 유대인들이 모두 멸절되었다면, 하나님은 자신의 약속을 지키실 수 없었을 것이기 때문이다. 바로 이 점 때문에 에스더서 이야기는 기억할 만한 것이 된다. 그 이야기는 역사 속에 깊이 새겨져 있으며, 우리는 이를 통해 교훈을 얻게 된다.[1]

기이한 부재

에스더서 전체에서 하나님은 명백히 부재하시는 것처럼 보인다. 본문의 인물들은 하나님에 관해 이야기하거나 하나님의 이름을 언급하지 않는다. 실상 에스더서에서 하나님이 눈에 띄는 이

---

1 내가 이 책을 쓰면서 활용한 해석적 틀은 아래의 주석에서 얻은 통찰에 깊은 영향을 받았다. Allen, Leslie. C., and Laniak, Timothy S., *Ezra, Nehemiah, Esther*, Understanding the Bible Commentary Series (Grand Rapids: Baker, 2003).
Berlin, Adele, *Esther*, JPS Bible Commentary (Philadelphia: Jewish Publication Society, 2001).
Firth, David, *The Message of Esther*, The Bible Speaks Today (Downers Grove, IL: InterVarsity Press, 2010).
Jobes, Karen, *Esther*, NIV Application Commentary (Grand Rapids: Zondervan, 1999).
추가적인 학문적 논의를 위해서는 참고 문헌 목록을 보라.

유는 바로 그분의 부재 때문이다!² 하지만 그 이야기가 온갖 우여곡절 속에서 전개되어 감

> 하나님이 함께하시지 않는 것처럼 보이는 때에도 하나님은 심오하게 그곳에 임재하고 계신다.

에 따라, 독자들은 하나님이 그 흐름 속에 줄곧 보이지 않게 임재하고 계심을 뚜렷이 보여 주는 사건들에 직면하게 된다. 결국 그 놀랍고 거짓말 같기까지 한 사건들을 움직여서 그분의 백성인 유대인들이 생명을 보존하는 데 도움이 되도록 인도하실 분이 하나님 외에 누가 있겠는가? 우리가 내릴 수 있는 논리적인 결론은 하나님이 함께하시지 않는 것처럼 보이는 때에도 하나님은 심오하게 그곳에 임재하고 계신다는 것뿐이다. 이 사실은 하나님께 속한 모든 세대의 백성에게 위로와 확신을 준다. 하나님은 늘 우리와 함께 계시며 결코 우리를 떠나지 않으신다. 이는 그분의 임재가 뚜렷이 드러나지 않을 경우에도 그러하다.

개관

에스더서의 전체 이야기는 이스라엘 땅 너머에 있는 바사 제국

---

2 아마도 David J. A. Clines가 *The Esther Scroll: The Story of the Story*, Journal of the Study of the Old Testament: Supplement Series 30 (Sheffield: JSOT Press, 1984), 36에서 처음으로 이 어구를 에스더서에 적용했을 것이다. 그 후로 주석가들은 이 어구를 널리 언급해 왔다.

의 도시 수사(Susa, 또는 '수자'[Suza]라고도 함)에서 펼쳐진다.[3] 그들의 불순종에 대한 심판으로, 하나님께 속한 유대 백성은 여러 해 전 그 고향 땅에서 추방되었다. 이후에 그들은 고국으로 돌아가도록 허용되었지만, 모르드개와 에스더를 비롯한 많은 유대인들은 그렇게 하지 않고 이방 왕들의 통치 아래 사는 쪽을 택했다. 에스더서에서 우리는 이처럼 포로 생활이 끝난 뒤에도 약속의 땅으로 복귀하지 않은 유대인들이 겪는 삶을 살펴보게 된다.

에스더서는 아브라함의 후손인 일부 유대인들이 어떻게 강대국 바사의 통치 아래서 멸절의 위협에 직면하게 되었으며, 또 하나님이 어떻게 그들을 파멸에서 건져 주셨는지를 이야기하고 있다. 그 유대인들은 말살을 당하는 대신에 건짐을 받고, 오히려 하나님의 심판을 수행하는 도구로서 그들의 대적을 멸절할 권한을 부여받았다.

■ 에스더서 개요
제1장: 왕의 궁정에 있는 아름다운 유대인 처녀(1:1-2:18)
제2장: 유대인이 학살당할 위기에 처하다(2:19-3:15)
제3장: 유대인 왕비가 구출에 나서다(4:1-5:8)
제4장: 한 유대인이 원수에게 높임을 받다(5:9-6:14)

---

3   여기서 '수사'는 그 도시의 나머지 지역보다 높이 솟은 언덕 위의 성이나 궁전을 의미할 수 있으며, 또는 그 도시 전체와 그 주변 지역들을 의미할 수도 있다. 에스더서에서는 이 둘 중 어떤 것을 가리키는지 명확치 않을 때가 있다(1:5을 보라). 또한 에스더 1:2에 대한 주석을 보리.

제5장: 유대인들의 원수가 최후를 맞다(7:1-10)
제6장: 왕의 칙령으로 유대인들이 구원을 받다(8:1-10:3)

에스더서의 신학적 중심

독특하게도 에스더서는 하나님에 관해 언급하지 않는다. 하지만 이야기 전체에 걸친 독특한 전개와 서술 방식 상의 변화는, 보이지 않게 임재하시는 하나님이 그곳에서 벌어지는 모든 일을 주관하고 계심을 알려 준다.[4] 한 예로, 그녀의 친척인 모르드개는 에스더에게 목숨을 내걸 것을 촉구하면서 이렇게 결론짓는다. "네가 왕후의 자리를 얻은 것이 이때를 위함이 아닌지 누가 알겠느냐"(4:14). 이 언급을 통해, 모르드개는 에스더가 궁전에 거주하게 된 것은 곧 그녀의 동족을 구원하기 위한 하나님의 방편임을 암시하고 있다. 따라서 하나님의 목적이 성취될 수 있도록, 에스더는 그 지위를 전략적으로 활용하여 자신의 동족을 건져 내는 통로가 되어야 했다. 이 책에서 에스더는 구원자의 역할을 감당하는 인물로 묘사되고 있으며, 이는 하나님이 인류 역사 전체에 걸쳐 다른

---

[4] 그리스어와 라틴어로 번역된 고대의 에스더서 판본들에는 여섯 부분에 걸쳐 상당한 내용이 첨가되어 있다(모두 107절에 달한다). 히브리어 본문에는 하나님이 명시적으로 언급되지 않지만, 그리스어와 라틴어 판본들에는 그런 언급이 나타난다. 그러나 이렇게 첨가된 부분들은 에스더서 원본에 담겨 있었던 것으로 보이지 않는다. "Esther, Additions to," in *The Lexham Bible Dictionary*, ed. John D. Barry, et al. (Bellingham, WA: Lexham Press, 2012-2015)을 보라.

이들을 그 일에 들어 쓰셨던 것과 마찬가지이다.

책 제목의 유래

이 책의 제목은 이 이야기의 주요 등장인물 중 하나인 에스더의 이름에서 유래했다. 성경에는 여성의 이름을 따서 명명된 책이 둘뿐이다. 이 책은 그중 하나이며, 나머지 하나는 모압 여인 룻의 이름을 따서 명명되었다. 성경의 다른 책들에서도 이스라엘 역사에서 중요한 역할을 감당한 여성들의 이름이 언급되는데, 예를 들면 사사 드보라 같은 이들이 있다. 그러므로 에스더는 성경의 웅대한 이야기 속에 등장하는, 하나님께 선택받은 여성들의 빛나는 무리 중에 포함된다. 이 여성들은 하나님께 속한 유대인들의 삶에서 중요한 역할을 감당한 이들이다.

이 이야기의 주인공/여주인공

주요 등장인물인 에스더의 이름을 이 책의 제목으로 삼았지만 마지막 부분에서 위대한 인물로 칭송을 받는 것은 에스더가 아닌 모르드개이다(10장). 아울러 이야기의 서술자는 모르드개를 주인공으로 묘사하는 것만큼 에스더가 여주인공임을 부각하지는 않는다. 그러므로 글쓴이가 왜 이 책의 제목을 모르드개의 이름에서 따오지 않았는가 하는 질문이 제기되며, 이 점에서 글쓴이는 독자들이 직접 알아내야 할 미묘한 의미를 전달하고 있음이 분명하다. 한편 유대인 주석가인 아델 벌린(Adele Berlin)은 '주인공'이라는 명칭을 등장인물 한 명에게만 주면 안 된다고 주의를 준다.

> 여기서는 한 사람의 주인공을 선택하기가 어렵다. 에스더와 모르드개가 그 역할을 서로 분담하고 있기 때문이다. 처음에는 이 중 하나가 궁전 안에, 또 다른 이는 그 바깥에 있으면서 한 팀을 이루어 움직인다. 끝부분에 가서 두 사람 모두 통치 권력의 핵심부에 머물게 될 때, 이들은 서로 협력하면서 그 권세를 행사한다. 이야기의 플롯이 모르드개와 하만 사이의 경쟁과 적대 관계를 중심으로 전개된다는 점에서는 모르드개가 주인공이라 할 수 있다. 하지만 실제로 유대인들을 구해 낼 방책을 계획하고 실행해 나가는 것은 에스더이며, 따라서 에스더가 이 이야기의 참된 주인공이 된다.[5]

과연 이 이야기의 진정한 주인공은 밝혀지지 않은 채로 남아 있는 것일까?

---

[5] Adele Berlin, *The JPS Bible Commentary: Esther* (Philadelphia: The Jewish Publication Society, 2001), xxiii.

| 읽어 볼 글들 |

- 이야기에 친숙해질 수 있도록 에스더서 전체를 죽 읽어 보라.

| 생각해 볼 질문 |

01 에스더가 하나님의 뜻에 의해 궁궐에서 왕후의 지위를 얻게 된 일을 생각할 때, 우리는 하나님이 에스더 이야기에 적극적으로 개입하셨을 뿐 아니라 지금도 우리 삶의 이야기 속에 그렇게 개입하신다는 것을 어떤 식으로 확신할 수 있는가?

_____

_____

_____

02 에스더 이야기에서 하나님이 언급되지 않은 점을 생각할 때 당신은 어떤 인상을 받는가?

_____

_____

_____

03 당신이 생각하기에 에스더 이야기에서 참된 영웅은 누구인가? 그 이유는 무엇인가?

_____

_____

_____

2장

에스더의 초상

에스더서에는 고국을 멀리 떠나 살다가 멸절의 위협에 직면하게 된 유대인들을 하나님이 에스더와 모르드개를 통해 구해 내신 이야기가 담겨 있다. 그 이야기는 유대인들이 그 책에 기록된 사건들을 기억하기 위해 부림절을 경축하는 것으로 끝이 난다.

유대인들의 부림절

에스더서의 이야기 말미에서는 당시에 있었던 일들을 기념하는 절기로서 부림절을 경축하며, 이는 아이러니하게도 이야기 속에 등장하는 악인이 유대인들을 멸절할 날짜를 정하기 위해 뽑았던 제비의 명칭을 따서 붙인 이름이다. 이 책의 이야기는 단순히 그 절기가 제정된 데에서 멈추지 않고, 그 절기를 영구히 지키라는 지시와 함께 끝맺는다. 이에 따라, 유대인들은 하나님이 자신의 선조들을 그 재앙과도 같은 사건들 속에서 건져 주신 일을 대대로 기념하게 되었다.

지금도 유대인들은 해마다 이 절기를 경축하고 있다. 퍼트리샤 툴(Patricia Tull)은 이렇게 설명한다. "이 절기 동안에 유대인들은 에스더서를 큰 소리로 낭독하며, 절기의 참여자들은 책 속의 등장인물처럼 옷을 차려입고 축제의 분위기를 누린다. 또한 먹을 것과 마실 것이 공짜로 제공되며, 가난한 이들에게는 자선이 베풀어진다."[6] 그 이야기와 소통하는 또 다른 방편으로, 유대인들은 에스더서의 사건들을 묘사하는 짧은 희극을 공연하곤 한다.[7]

역사적 배경

에스더서에 기록된 사건들은 바사(페르시아)가 세계적인 강대국이던 시기(주전 550-330년)에 일어났다.[8] 바사 왕 아하수에로는 주

---

6 "Esther, Book of," in *Lexham Bible Dictionary*, ed. John D. Barry, et al. (Bellingham, WA: Lexham Press, 2012-2015)을 보라.
7 Berlin, *Esther*, xlviii.
8 "아케메네스 왕조에 속한 키루스와 그의 뒤를 이은 왕들이 통치했던 시기는 페르시아 역사의 황금기였다. 그들은 페르시아 제국을 서쪽으로는 애굽과 터키까지, 동쪽으로는 박트리아와 인더스 골짜기까지 확장했다. 이 시기에 다리오와 크세르크세스(아하수에로)가 지휘한 페르시아 군대는 그리스인들의 영웅적인 노력 때문에 주전 490년에는 마라톤에서, 주전 480년에는 살라미스에서, 그리고 주전 479년에는 플라타이아이와 미칼레에서 패배를 겪었다."(Edwin M. Yamauchi, *Persia and the Bible* [Grand Rapids:

전 486-465년에 통치했으며, 그는 힘 있고 강력한 인물로서 자신이 원하는 것은 무엇이든 행하는 데 익숙해져 있었다.

바사 제국의 통치자들(아케메네스 왕조)

통치자	(개략적인) 통치 연대
다리오 1세 (대왕)	주전 522-486년
크세르크세스 1세 (아하수에로)	**주전 486-465년**
아닥사스다 1세	주전 464-424년
크세르크세스 2세	주전 424-423년
다리오 2세	주전 423-404년

바로 이 때문에, 아하수에로는 우주의 참된 권세자이신 하나님과 날카로운 대립을 빚게 된다. 이는 하나님이 에스더서의 이야기에서 벌어지는 일들을 무대 뒤에서 총괄하고 계셨기 때문이다. 이때의 상황은 시편 2편의 상황을 떠올리게 한다. 이 시편은 세상의 군주들이 하나님에 맞서 전쟁을 벌이지만, 결국에는 하나님을 꺾을 수 없다는 것을 발견하게 될 뿐임을 묘사한다. 사람들의 눈에는 그들의 힘이 강대해 보여도 하나님 앞에서는 하찮은 것에 불과할 뿐이다. 오직 하나님만이 전능하시기에, 하나님과 맞서 제대로

Baker, 1990], 23).

힘을 겨룰 자는 아무도 없다. 이 점은 성경 전체에서 하나님이 누구도 물리칠 수 없는 그분의 힘을 거듭 입증하심에 따라 분명히 드러난다. 이 땅의 어떤 강대국도 하나님의 목적을 좌절시킬 수는 없다!

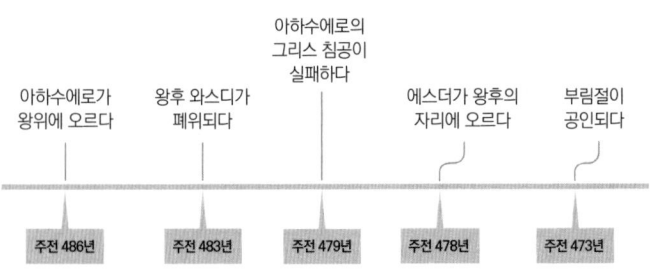

| 에스더서 관련 연대표

이렇게 힘겨루기가 진행되는 동안, 그 왕과 바사의 백성들은 하나님의 백성인 유대인들을 향한 하나님의 원대한 목적을 헤아리지 못하고 있었다. 그러나 하나님이 그때 품으셨던 목적은 곧 그분이 세우신 왕 예수님이 이 세상에 임하실 때 마침내 이루어지게 될 궁극적인 구원을 미리 보여 주는 것이었다(마 1:21).

귀환하지 않은 유대 민족 - 이방의 통치 아래 놓이다

하나님의 백성인 유대인들이 이 시기에도 바사에 머무르고 있었다는 점은 몇 가지 질문을 불러일으킨다. 포로 생활이 끝났음에도 그들이 약속의 땅으로 돌아가지 않은 이유는 무엇일까? 하나님이 보내신 선지자들은 그들에게 고국으로 돌아갈 것을 강권하지 않았던가? 이들이 당시 초강대국인 바사의 통치 아래 살면서, 수도인 수사를 비롯한 제국 전역에 흩어져 번영을 누린 것은 어쩌면 그릇된 일이 아니었을까? 그 나라에서 보금자리와 안식처를 찾으려 했음에도 이렇게 생존의 위협을 받았으니, 이제는 그곳을 떠날 때가 된 것이 아닐까? 그러나 하나님은 그들을 잊지도, 버리지도 않으시고 그분의 은혜로 그들을 돌아보셨다.

> **으뜸이 되시는 하나님**
>
> 역사 전체에 걸쳐 세상의 강대국들이 아브라함의 후손인 그 하나님의 백성과 충돌할 때, 그 일은 언제나 하나님의 으뜸 되심을 입증하는 결과로 끝났다. 이는 모세와 애굽의 바로가 대결하는 상황이든(출 6:28-7:5), 다니엘의 친구들이 바벨론의 왕에 맞서는 상황이든(단 3:1-23) 마찬가지였다. 다만 하나님이 늘 우리가 바라고 기대하는 방식대로 구해 주시는 것은 아니다. 이는 예수님이 십자가의 죽음을 감내하셨던 일과 제2차 세계 대전 때 비극적인 대학살을 겪은 유대인들의 사례에서도 드러난다. 그러나 하나님은 그 같은 악행들을 그분의 절대적인 공의로 심판하실 것이다. 또한 요한계시록은 역사의 종국에는 하나님만이 홀로 통치하시게 될 것이며, 그 통치는 세세무궁토록 이어질 것임을 선포한다. 하나님은 그분이 창조하신 이 우주를 다스리는 유일한 권세자이시며, 우주의 통치권은 오직 그분께만 있다.

앞서 하나님은 만약 유대 백성이 그분을 거슬러 반역한다면 피할 수 없는 심판에 직면하게 될 것이라고 경고하셨다. 이 일은 이미 추방을 통해 일어났으며, 그로 인해 그들은 고국을 버리고 떠나야만 했다. 이것은 바로 하나님이 행하신 일이었다! (북왕국 이스라엘은 주전 722년에 포로로 끌려갔으며, 남왕국 유다의 멸망과 바벨론 유수는 주전 587/586년에 이루어졌다.) 이렇게 바벨론 유수를 통해 하나님의 엄중한 심판을 치른 뒤, 그 백성은 마땅히 약속의 땅으로 돌아가야 했을 것이다. 하지만 그중 일부는 징벌이 끝난 뒤에도 이방 땅에 계속 머물렀다(렘 29:10; 겔 37:12-14).

이 이야기의 처음 단계에서 에스더와 모르드개가 유대적인 독특성을 드러내지 않은 것은 하나님이 규정하신 그들만의 고유한 정체성을 간직하기보다 바사의 문화에 융합되는 편을 택했음을 보여 주는 듯하다. 그럼에도 그들은 유대인의 혈통에 속한 이들이었으며, 이 점은 이야기 내에서 중요한 역할을 한다. 이때 바사인들은 유대인들을 멸절할 정치적인 힘과 의지를 지니고 있었으며, 이처럼 유대인들이 멸절될 경우에는 온 세상을 위한 하나님의 구원 계획이 심각한 위기에 놓일 수 있었다. 이 경우에는 바사 제국 전역의 유대인들이 모두 위험에 처하게 되었을 것이기 때문이다.

이 이야기의 악한인 하만은 바사 왕 아하수에로에게 유대인들을 멸절하기에 충분한 힘이 있다는 점을 이용했다. 그는 왕과의 관계를 악용하여 유대인 모르드개에 대한 개인적인 원한을 해소

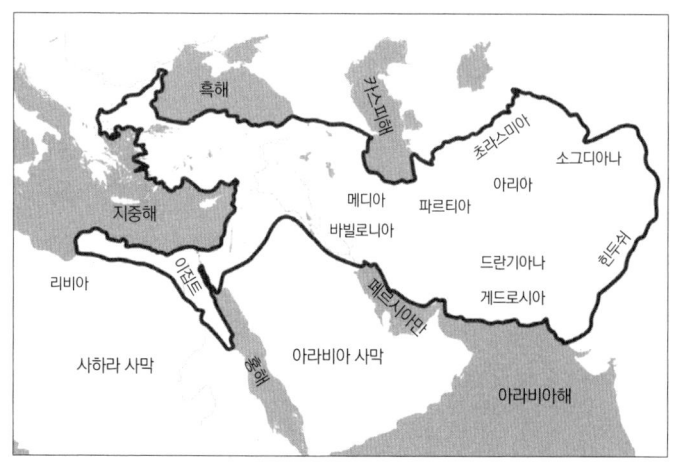

| 바사 제국

하려 했다. 그리하여 하만은 유대인들을 제거하는 일에 전부를 걸었지만, 그는 가장 강력한 통치자이신 하나님이 은밀히 그곳에 임재하고 계신다는 것을 미처 생각하지 못했다. 하나님은 제국 안에서 유대 민족을 말살하고 자신의 권력욕과 야망을 채우려던 그의 비겁한 책략을 좌절시키셨다. 한편 점점 더 뚜렷이 드러나는 하만의 야망은 이 이야기 내내 벌어지는 정치적인 힘겨루기 중 하나일 뿐이다.

심오한 메시지

에스더서의 이야기는 하나님과 그분께 속한 백성에게 적대적

> 에스더서의 메시지는 귀환하지 않고 남아 있는 백성에게 하나님이 그들을 잊거나 버리지 않으셨으며, 앞으로도 그리하지 않으실 것임을 특히 일깨워 준다.

인 태도를 취하는 세상 속에서 하나님이 그저 손을 놓고 계시지만은 않을 것임을 보여 준다. 하나님은 유대인들을 학살에서 건져 내실 것이다. 이는 장차 유대인의 후손이자 아브라함의 자손으로 한 분(마 1:17)이 나셔서 그 백성을 죽음과 파멸에서 건지도록 인도하시기 위함이다. 에스더서의 메시지는 귀환하지 않고 남아 있는 백성에게 하나님이 그들을 잊거나 버리지 않으셨으며, 앞으로도 그리하지 않으실 것임을 특히 일깨워 준다. 그러므로 이 이야기에서 하나님은 때로 모습을 감추신 것처럼 보이지만, 실상은 그곳에 심오하게 임재하고 계신다. 사람들의 눈에는 감추어져 있을지라도, 하나님은 분명히 그곳에 함께 계신다.

이와 마찬가지로 십자가 사건 이후의 세대에 속한 우리 그리스도인들 역시 이방 땅에 있던 유대인들처럼 낯선 세상에 머물고 있음을 상기하게 된다. 이들처럼 우리도 나그네로 살아가고 있지만(벧전 2:11), 그럼에도 하나님이 이제와 또 영원히 함께하실 것을 확신할 수 있다.

| 읽어 볼 글들 |

- 시편 2:1-12
- 베드로전서 2:9-13

| 생각해 볼 질문 |

01 오늘날의 세계에서 벌어지는 사건들 가운데서, 당신으로 하여금 하나님이 정말 이 세상에 임재하고 계신지 의심하게 만드는 일은 무엇인가? 에스더 이야기는 그런 의심에 어떤 식으로 이의를 제기하는가?

_____

_____

_____

02 부림절을 경축하면서, 유대인들은 자신들이 멸절당할 위기에서 건짐받은 일을 상기하게 되었다. 이제 당신은 그리스도인으로서, 하나님이 베풀어 주신 구원의 일을 어떤 식으로 되새길 수 있겠는가?

_____

_____

_____

03 하나님이 당신을 버리셨을지도 모른다는 느낌이 들 때가 있는가? 에스더 이야기는 당신이 이런 느낌에 맞서는 데 어떻게 도움이 될 수 있겠는가?

_____

_____

3장

내러티브: 이야기의 매력

성경은 하나님의 이야기다. 우리가 할 일은 에스더가 살았던 시대의 유대인들과 오늘날의 우리가 이 이야기 속에 각기 어떻게 접목되는지를 헤아려 보는 일이다.

성경의 원대한 이야기는 하나님이 그분 자신과의 친밀한 교제를 위해 사람을 창조하시면서 시작된다. 하나님의 기대는, 그분이 그들의 하나님이 되고 그들은 그분께 속한 백성이 되는 데 있었다(출 6:7; 렘 7:23; 겔 36:28). 하지만 우리의 첫 선조들은 하나님의 인자하신 통치를 거역함으로써 그 온전한 관계를 상실하고 그분의 임재 바깥으로 추방되었다. 그러나 하나님은 구원자를 보낼 것을 약속하셨으며(창 3:15), 이후 한 사람 아브라함과 더불어 새로운 관계를 맺으셨다. 하나님은 아브라함에게 복을 주시면서, 많은 후손

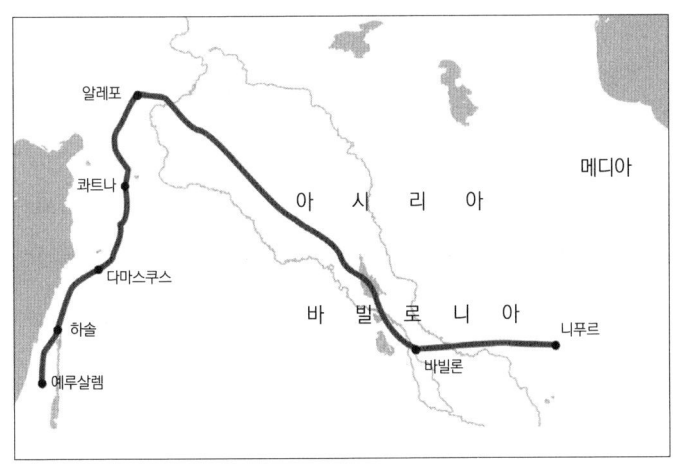
| 바벨론과 앗수르에 끌려온 백성들의 이동 경로

과 함께 유업이 될 땅도 주실 것을 약속하셨다(창 12:1-3). 하나님은 아브라함의 후손인 이스라엘 백성에게 다윗 왕의 자손이 영원히 통치하게 될 것도 약속하셨다(삼하 7:14). 하지만 그 백성은 다시 한 번 하나님을 거슬러 반역했으며, 이번에는 그 결과로 약속의 땅에서 추방되었다. 그러나 하나님은 이 추방의 때가 그칠 것을 약속하셨으며(렘 30:3), 이 약속은 고레스 왕의 통치기에 실현되었다. 주전 539년에 그 바사의 통치자는 포로로 끌려온 유대인들이 고국으로 돌아가는 것을 허용했다. 한편 이즈음에 그는 바벨론을 정복하고, 앞서 북왕국 이스라엘을 멸망시켰던 앗수르 역시 자

기 수중에 넣었다.[9]

지금 우리가 살피는 에스더 이야기는 이 같은 시간적 배경 아래서 생겨났다. 일부 유대인들은 약속의 땅에 돌아갔지만, 많은 이들은 그곳에 남았다. 그 가운데는 에스더와 모르드개를 비롯해서 바사의 수도 수사에 거주하는 많은 이들이 포함되어 있었다. 그들은 그곳에 자신들의 생존을 위협할 중대한 위기가 도사리고 있음을 미처 알아차리지 못했다. 그들은 결국 유대인이 아닌 바사 왕의 권세 아래에 놓여 있었던 것이다.

문학적 배경

저자와 연대

에스더서의 저자에 관해서는 뚜렷한 언급을 찾아볼 수 없으며, 그 책의 본문은 저자(들)의 정체성을 확정하는 데 도움이 될 단서를 주지 않는다. 다만 그 저자가 누구든 간에, 그는 바사의 생활양식에 익숙한 이였음이 분명하다. 이로 보건대 그 저자는 포로로 끌려왔던 유대인으로서 에스더서의 사건들이 일어난 지 얼마 안 된 때에 살았던 사람이거나, 그 이야기를 정확히 기록할 정도로 내용을 자세히 살핀 이였을 가능성이 크다. 어떤 이들은 모르드개가 직접 이 책을 썼을 것이라고 주장하지만, 본문에는 그런 주장

---

9 Berlin, *Esther*, xxxii.

을 구체적으로 뒷받침할 단서가 담겨 있지 않다.

이와 마찬가지로 에스더서의 기록 시기 역시 명확하지 않다. 이 이야기가 글로 기록된 것은 주전 4세기였을 가능성이 크지만, 주전 3세기였을 가능성도 있다.[10] 그리고 이 이야기가 기록으로 남은 것은 이후의 모든 유대인들이 부림절을 계속 경축하는 데 큰 도움이 되었을 것이다. 아믈리 커트(Amélie Kuhrt)는 에스더서가 "헬레니즘 시대에 기록된 것이 거의 확실하다."라고 주장한다.[11]

문학적인 윤곽

이야기는 의사소통의 강력한 방편이다. 어쨌든 이야기는 기억하기 쉽고, 남들에게 들려주기도 편하다. 따라서 이야기를 활용해서 역사를 기록할 경우에는 그 내용이 한 세대에서 다음 세대로 확실히 전달될 수 있다. 에스더 이야기는 탁월한 솜씨로 기록되었으며, 명백한 파멸에 직면한 유대 백성을 하나님이 구해 주신 일을 매혹적으로 들려준다. 하지만 에스더를 단편적으로 살펴보는 것만으로는 그 메시지를 온전히 파악하기 어렵다.[12]

---

10 Frederic Bush, *Ruth, Esther*, Word Biblical Commentary 9 (Dallas: Word, 1996), 297.
11 헬레니즘 시대는 주전 4세기 말에 시작되었다. Amélie Kuhrt, *The Ancient Near East c. 3000-330 BC*, Volume 2 (New York: Routledge, 1995), 649.
12 이 개념을 좀 더 살피려면 Karen Jobes, *Esther*, NIV Application

이 이야기를 읽을 때 우리는 이야기의 서술자에게는 그 속에 담긴 사건들을 해석하는 관점이 있으며, 그런 관점은 그 이야기의 틀을 형성하게 된다는 점을 늘 염두에 두어야 한다. 이 같은 관점은 서술자가 그 사건 현장에 직접 있지 않았던 경우에도 존재한다. 이런 측면에서 메이어 스턴버그(Meir Sternberg)는 에스더서의 서술자에게 전지성을 부여한다. 이것은 하나님의 전지성을 반영하는 속성이다.[13] 에스더서의 서술자는 등장인물들의 사적인 대화뿐 아니라 그들의 내적인 생각과 느낌에 관해서도 자세한 내막을 알고 있다. 다만 늘 그 내용을 밝히는 쪽을 택하는 것은 아니다.

또한 이야기의 독자들은 그 이야기의 서술자가 전달하려 하는 내용이 무엇인지 이해할 필요가 있다. 물론 그 서술자의 의도는 본문 속에서 언급될 수도 있지만, (대부분의 경우에 그렇듯이) 에스더서의 경우처럼 언급되지 않은 채로 남을 수도 있다. 대부분의 이야기들이 그렇듯이, 에스더 이야기도 여러 배경지식이나 세부 사항들을 낱낱이 제시하지는 않는다. 이 같은 생략은 종종 공백을 낳게 된다. 이는 독자들이 직접 이야기를 읽고 또 읽으면서 단서들을 찾아 채워 넣어야 할 부분이다.

Commentary (Grand Rapids: Zondervan, 1999), 38을 보라.

13 Meir Sternberg, *The Poetics of Biblical Narrative* (Bloomington: Indiana University Press, 1987), 90.

이야기 속에 담긴 여러 공백은 본문에 드러나지 않은 서술자의 의도를 직접 헤아려 보기 위해 그 이야기와 씨름하도록 독자들을 초청한다. 이때 이야기 속에서 제시되는 세부 내용들은 우리의 결론에 영향을 미칠 수 있으며, 원래의 독자들이 어떤 배경을 지녔는지를 잘 아는 경우에도 그런 영향을 받게 된다. 스턴버그는 이야기 속의 공백들이 독자에게 가져다주는 효과에 관해 이렇게 언급한다.

> 표현의 모호성이 지닌 기능 중에 가장 기본적인 것은 이야기에 대한 흥미를 불러일으키는 데 있다. 곧 독자들에게 호기심과 긴장감, 놀라움을 심어 주는 것이다. 서술자가 과거에 관한 정보를 제시하지 않음으로써 줄거리의 흐름이 뒤틀릴 경우, 곧 원인이 없는 결과가 나타나거나 결과가 원인보다 앞서 나타날 경우에는 독자들이 자극을 받게 된다. 그럼으로써 독자들은 이야기 속에서 묘사되는 행동과 그 주체들, 그들의 숨겨진 삶과 서로의 관계들, 그들이 거하는 세계의 모습에 관해 **호기심**을 품게 되는 것이다. 그리고 이런 일들을 이해하기 위해, [독자는] 직접 공백을 채우려고 시도하게 된다. 하지만 그 시도에 실패할 경우, 독자는 서술자가 새로운 사실들을 알려 줄 때를 기다리게 된다. 그러고는 단서가 조금씩 주어짐에 따라 모호한 표현들의 의미를 기꺼이 파고들게 된다.[14]

14 Ibid., 259-60. (강조점은 원저자의 것이다.)

에스더서에는 귀환하지 않고 바벨론에 남아 있던 유대인들의 이야기가 담겨 있다. 그 유대인들이 당시에 겪고 있던 사건들을 해석하는 데에는 그들 자신의 유대 혈통과 성경에 대한 지식이 주된 영향을 끼쳤을 것이다. 한 유대인 독자가 에스더서를 읽으면서 그 속에서 하나님이 언급되지 않음을 발견할 때, 그는 직접 그 공백을 채워 넣게 된다. 이는 하나님의 존재가 그 속에서 언급되거나 인정되지 않을지라도, 하나님은 정말로 그곳에 함께하고 계셨다고 결론짓기 위함이다. 한편 왕후 와스디가 왕명을 거역한 이유를 서술자가 밝히지 않기로 선택한 데에서도 공백이 생겨난다. 어쩌면 이를 통해 독자들은 그녀가 남자들의 세계에서 살아남으려 애쓴 용감한 여성이라는 인상을 받고, 그녀의 입장에 더욱 공감하게 될 수도 있다.

풍자와 익살, 아이러니의 활용

에스더서의 저자는 이야기 전체에 걸쳐 풍자와 아이러니를 활용한다.[15] 여러 장면에서 절제된 형태의 익살이 나타나며, 이는 일종의 시적인 아이러니로 볼 수 있다. 곧 비극적인 사건들이 희극을 연상시키는 방식으로 묘사되고 있는 것이다. 에스더서를 읽어 가는 동안, 우리는 사건들이 전혀 예기치 않은 방향으로 전개되

---

15 Jobes, *Esther*, 37.

는 것을 보면서 키득거리는 자신의 모습을 발견하게 될지도 모른다. 6장에서 묘사되는 장면은 특히 희극적이다. 에스더 이야기를 듣는 원래의 유대인 청중은 하만이 그의 기대와 야심과는 정반대로 자신이 마땅히 받아야 한다고 여긴 것을 얻는 데는 실패하고, 오히려 혐오하는 일들을 어쩔 수 없이 감내하고 치욕을 당하는 모습을 보면서 즐거워했을 것이다. 이 악역을 맡은 자는 유대인들의 원수였고, 그의 죽음은 유대인들의 생존에 기여했다.

이와 마찬가지로 벌린(Berlin)은 이렇게 언급한다. "에스더는 성경의 책들 가운데서 가장 익살맞은 책이다. 그 이야기는 처음부터 끝까지 유쾌하며, 어떤 부분들에서는 폭소를 터뜨리게 할 정도로 우스꽝스럽기까지 하다."[16] 이 이야기에서 아이러니는 큰 역할을 한다. 그 속에는 운명의 역전이 여러 차례 등장하며, 이 일들은 모두 아이러니한 것으로 드러난다. 예를 들어 하만은 명예를 갈망하지만 오히려 모르드개가 높임을 받게 되며, 하만이 자기 원수인 모르드개를 처단하려고 사형 틀을 만들지만 아이러니하게도 하만 자신이 그 틀 위에 달리고 만다.

플롯 구축하기

대부분의 이야기처럼, 에스더 이야기는 도입부로 시작해

---

16 Berlin, *Esther*, xvii.

서 본론으로 이어진 뒤 결론으로 끝을 맺는다. 데이비드 벨드먼(David Beldman)은 이야기의 기본 단계를 다음과 같이 간결하게 설명한다. "기본적인 플롯의 흐름은 (1) 배경 설명, (2) 혼란 발생, (3) 상황 변화, (4) 문제 해결, (5) 마무리 순으로 전개된다."[17] 에스더 이야기도 이 패턴대로 진행하며, 내용이 전개됨에 따라 긴장이 점점 더 고조되어 간다. 그 이야기는 성대한 연회로 막을 열지만, 뜻밖에도 왕후 와스디가 왕의 부름을 거역하면서 그 흐름이 뒤틀리게 된다. 이어 그녀가 폐위됨에 따라 에스더에게 기회가 주어지고, 에스더는 마침내 유대인들을 위기에서 건져 내게 된다.

이 이야기 속에서 처음에는 우연한 것으로 보였던 여러 세부적인 일들이 나중에 가서는 의미 깊은 것으로 드러난다. 왕의 연대기에 매일의 일들을 기록하는 것 같은 일들이 그런 경우이다. 이후에 왕은 그 연대기를 살피면서 자신의 살해 음모를 모르드개가 밝혀냈으나 그 공적을 인정받지 못한 일을 발견하고, 뒤늦게 모르드개를 높여 주게 된다. 그리고 왕의 불면증처럼 평범한 일들이 유대인들의 운명을 역전시키며 이야기의 결말에 심대한 영향을 끼친다. 이처럼 사소해 보이는 요소들이 파멸의 형세를 뒤바꿔 놓

---

17 Craig. G. Bartholomew and David J. H. Beldman, eds., *Hearing the Old Testament* (Grand Rapids: Eerdmans, 2012), 78. 이어 벨드먼은 에스더 이야기를 예로 들어 그 점을 설명해 나간다.

는 일이 어떻게 가능한 것일까?

   왕후가 된 에스더는 죽음을 무릅쓰고 왕 앞에 나아가며, 이를 지켜보는 우리는 그 결말이 어떻게 될지를 염려하게 된다. 그녀는 과연 목숨을 건질 수 있을까? 또한 좀 더 넓은 구도에서 볼 때, 위협받는 소수인 유대 백성은 강력한 이인자가 그들의 생존에 관해 적개심을 품고 있는 바사 땅에서 과연 살아남을 수 있을까? 만약 그렇다면, 누가 그들을 건져 주게 될까? 저 악당 하만은 그 땅의 모든 유대인을 쓸어버리려는 음모를 꾀하는데, 과연 그 음모는 성공하게 될까? 처음에는 그럴 가능성이 커 보였다. 모든 일이 그의 계획대로 진행되는 듯했기 때문이다. 하지만 하만에게는 가장 불운한 시점에 왕이 뒤늦게 모르드개에게 상을 내리면서, 그의 원수인 모르드개는 높임을 받고 하만 자신은 예기치 않은 쇠락을 맞게 된다! 그러고는 하만의 살해 음모를 폭로하기 위해, 왕후 에스더가 세련된 솜씨로 왕과 총리 하만을 위한 특별 연회를 연다. 이 일은, 악당 하만은 최후를 맞고 유대 백성은 그 결과로 구원을 얻는 출발점이 된다. 끝으로 왕은 자신이 사랑하는 왕후를 비롯한 유대 백성에게 재난이 닥쳐왔음을 깨닫지만, 그들의 목숨을 공개적으로는 지켜 줄 수 없는 상황에 처하게 된다. 이는 왕이 직접 승인하여 시행된 칙령은 결코 철회될 수 없기 때문이다. 과연 유대인들은 학살의 위험을 피해 살아남을 수 있을까? 그러나 모든 좋은 이야기가 그렇듯, 이 이야기도 행복한 결말을 맞게 된다. 악당은 제거되고 선량한 주인공이 승리할 것이다.

이야기가 이어짐에 따라 그 진행 속도가 점점 빨라지는데, 이는 긴장감을 더욱 고조시키는 결과를 낳는다. 서술자는 다음 장면에서 중요한 의미를 지니게 될 정보들을 조금씩 미리 짜임새 있게 전달하며, 이를 통해 독자는 이야기에 흥미를 느끼고 조금씩 공백을 채워 가게 된다. 한 예로 모르드개는 우연히 왕의 살해 음모를 밝혀내고, 이 일은 왕의 연대기에 기록된다(2:23). 그러나 그의 충성된 행동은 잠을 이루지 못한 왕이 그 책을 살필 때에 가서야 보상을 받는다(6:1).

벨드먼은 우리에게 이렇게 일깨워 준다. "플롯에 유의하면, 이야기의 주제와 목적에 초점을 맞추는 데 도움이 된다. … 구약의 플롯은 우리에게 말씀하시는 하나님이 어떤 분인지를 보여 준다. 하나님은 우리와 멀리 동떨어져 있거나 우리의 일에 무관심한 분이 아니다. 오히려 그분은 과거에 이스라엘 백성이 겪었던 삶뿐 아니라 지금 우리의 삶에도 깊이 개입하고 계신다."[18] 그러므로 에스더서의 이야기를 읽고 그 메시지에 귀 기울이면서 공백을 채워 나가는 동안, 우리 역시 하나님이 우리에게 주시는 음성을 듣게 된다. 하나님은 그분이 우리의 상황 속에도 계속 임재하고 계

---

18 Ibid., 79.

심을 확증해 주신다.

앞서 살폈듯이 서술자는 등장인물들의 사적인 대화와 은밀한 생각들에 관해 그 내막을 알고 있지만, 그 인물들의 생각과 동기를 드러내 보이는 일을 일부러 삼간다. 그 대신에 그는 독자들에게 그저 이야기만 들려주는데, 이는 탁월한 효과를 발휘한다. 데이비드 퍼스(David Firth)의 명민한 지적에 따르면, 에스더서는 하나의 이야기로 서술되고 있으며 이 점은 곧 그 책을 해석하는 열쇠가 된다. 그는 이렇게 말한다.

> 에스더서는 역사적인 일들도 언급하긴 하지만, 주로 이야기를 전달하는 데 초점을 맞춘다. 우리는 본문을 해석할 때 이 점을 염두에 두어야 하며, 따라서 등장인물과 플롯을 모두 살펴야 한다. 다만 서술자는 일부러 등장인물들이 지닌 동기를 일리지 않는 편을 택했기에, 우리 독자들은 이야기가 진행되는 동안에 직접 그 동기들을 탐구해 나가야 한다.[19]

이 점을 이해할 때, 본문에서 하나님이 언급되지 않는 것도 이해가 된다. 곧 이 이야기의 등장인물들은 하나님의 인도하심을 전혀 깨닫지 못하는 듯이 보일지라도, 당시의 유대인 독자들과 우리

---

19 David Firth, *The Message of Esther*, The Bible Speaks Today (Downers Grove, IL: InterVarsity, 2010), 33.

는 모두 하나님이 이 이야기 속에 임재하고 계심을 기본 전제로 삼고 있기 때문이다.

역사적인 내러티브

에스더 이야기가 지닌 역사성에 관해서는 상당한 논쟁이 있다. 이 책은 실화인가, 허구인가? 우리는 양편을 지지하는 주장을 모두 찾아볼 수 있다.[20] 벌린은 에스더서의 역사성 문제를 다루면서 이렇게 언급한다.

> 고대의 독자들에게는 상상으로 지어낸 이야기 역시 역사적으로 정확한 이야기만큼이나 가치 있고 거룩하기까지 한 것이었다. 따라서 에스더서의 이야기를 상상에 근거한 것으로 받아들인다고 해서 그 이야기의 가치가 손상되는 것은 아니다. 에스더에 기록된 사건들이 실제로 있었던 일이든 아니든, 그 책이 주는 메시지와 부림절에 담긴 의미는 그대로 남아 있다.[21]

---

20 레슬리 알렌(Leslie C. Allen)과 티머시 라니악(Timothy S. Laniak)은 몇몇 역사적인 문제들을 유용하게 요약하면서, 에스더서의 역사적인 사실성을 다시금 숙고해 보아야 한다고 주장한다(*Ezra, Nehemiah, Esther*, Understanding the Bible Commentary Series [Grand Rapids: Baker, 2012], 177-82).

21 Berlin, *Esther*, xvii.

심지어 서술자는 시적 허용[22]을 택하여, 이 이야기에서 각기 역사 속의 실존 인물을 대변하는 등장인물들에게 가상의 이름을 부여했을지도 모른다. 다만 이 언어유희는 성경의 번역 과정에서 사라져 버렸다.[23] 예를 들어 그 시기의 역사 기록에서 이 이야기에 등장하는 인물들의 이름을 구체적으로 찾아내는 데에는 어려움이 있다. 그리고 알려진 기록 중에는 메대와 바사의 법령이 변개할 수 없는 것이었음을 확증하는 내용도 없다(다만 다니엘 이야기에서도 이 점을 언급하기는 한다).

하지만 서술자는 이 에스더 이야기가 역사 기록으로 읽히게끔 하려는 의도로 글을 썼다(2:23; 10:2). 티머시 라니악(Timothy Laniak)은 이렇게 언급한다.

지은이의 의도와 더불어 이 같은 역사적 세부 사항들은 이 책의

---

22 역주: 시적 허용(poetic license)은 문학 용어로서, 시를 쓸 때 섬세한 예술적 효과를 얻기 위해 문법이나 어법, 역사적 사실에서 벗어나는 것이 허용되는 일을 가리킨다.
23 Jobes, *Esther*, 37. (역주: 잡스에 따르면 '와스디'는 고대 페르시아어의 '아름다운 여인'이라는 표현과 발음이 비슷했다. '아하수에로'는 히브리어의 '두통'이라는 표현과 발음이 비슷하여 다소 우습게 들렸다. '에스더'는 사랑과 전쟁을 관장하는 바빌론의 여신 이쉬타르와 발음이 비슷했으며, '하만'은 히브리어의 '진노'라는 표현과 발음이 비슷했다는 것이다. 이런 언어유희는 성경이 영어로 번역되면서 의미를 잃었지만, 잡스는 원래의 서술자가 이런 어감을 전달하기 위해 등장인물들에게 가상의 이름을 부여했을지도 모른다고 여긴다.)

내용이 고대 세계에서 실제로 있었던 일임을 가리키고 있으며, 따라서 이 점을 무시하는 것은 바람직하지 않다. 에스더서는 현대적인 의미의 '역사서'가 아니라 여러 전통적인 특징을 지닌 위대한 이야기이다. 이 책은 그 속에 담긴 사건들에 시공간적으로 가까이 살았던 이가 기록한 문헌으로서 역사적인 자료의 가치를 지닌다.[24]

부림절이 실제로 있고 또 유대인들이 그 절기를 경축한다는 사실은 에스더 이야기에 역사적인 의미를 부여해 주며, 사실상 그 이야기의 역사적인 토대가 된다.

법령들
메대와 바사의 왕들이 공표한 법령은 모두 변경할 수 없으며 철회도 불가능한 것이었다. 그런 법령을 뒤엎는 유일한 방법은 그 법령을 무효화하는 다른 법령을 공표하는 것뿐이었다. 그런데 이 변경할 수 없는 법령을 묘사하는 데 쓰인 표현들은 일단 그 법령이 공표된 후에는 온 제국의 백성들이 그 법령을 절대로 어기거나 무시할 수 없었음을 의미하는 것일 수도 있다. 그러나 그 법령들이 실제로 변경 불가능한 성격을 지녔다는 사실이 그리스나 바사의 문헌들을 통해 확증되지는 않는다.[25]

진리를 전달하기

에스더서는 이야기의 형태 속에 진리를 담아서 전달한다. 그것

---

24 Allen and Laniak, *Ezra, Nehemiah, Esther*, 182.
25 Berlin, *Esther*, 91.

은 멸절의 위협 아래 놓인 하나님의 백성들이 생명을 보존하게 된 이야기이다. 이야기의 모든 지점에서, 하나님은 무대 뒤에서 일하시면서 사건들을 연출해 가신다. 그분은 사실상 이름이 드러나지 않은 주인공인 것이다. 이처럼 고국으로 돌아가지 않은 채 수사에 머물고 있는 그 백성의 삶에 하나님이 개입하시는 것은 그분이 모든 곳에 임재하시면서 자신의 신적인 계획에 따라 그분의 목적을 이루어 가신다는 점을 생생히 일깨워 준다. 이에 관해 좀 더 최근의 예를 들면, 내가 거주하는 남아프리카공화국에서 대부분의 사람들은 오랜 기간 정치범으로 수감되었던 넬슨 만델라(Nelson Mandela)가 석방되어 민주주의로의 평화적인 전환을 이루고 마침내 대통령이 되어 나라를 주관하게 된 데에는 하나님의 은밀한 손길이 있었음을 느끼고 있다.

> 에스더서는 이야기의 형태 속에 진리를 담아서 전달한다. 그것은 멸절의 위협 아래 놓인 하나님의 백성들이 생명을 보존하게 된 이야기이다.

읽어 볼 글들

- 에스더 이야기 전체를 다시 읽어 보라.
- 이사야 45장
- 예레미야 30-31장
- 다니엘 6장

생각해 볼 질문

01 서술자는 이야기 속에 공백들을 남겨 두고 특정한 세부 사항들을 알리지 않는 편을 택함으로써 어떤 극적인 효과를 만들어 내고 있는가?

_____

_____

02 당신의 생각에 에스더 이야기는 역사적인 사실에 근거한 것인가? 만약 그것이 한 역사적인 시대를 배경으로 삼아 창작한 이야기라면, 그 이야기를 이해하는 데 어떤 차이가 있겠는가?

_____

_____

03 에스더서를 하나의 메시지를 전달할 목적으로 창작된 흥미로운 이야기로 간주할 때, 당신은 독자로서 그 이야기를 어떤 의미로 받아들이게 되겠는가?

_____

_____

4장

제1장 왕의 궁정에 있는 아름다운 유대인 처녀

사람들의 눈에 드러나지는 않더라도 하나님이 모든 역사를 다스려 가신다는 사실을 알게 될 때, 우리는 큰 위로를 얻게 된다. 하나님께서는 자신의 뜻을 이루기에 적합한 위치로 사람들을 이끌어 갈 능력이 있다.

온 세상을 지배하는 바사의 강대한 왕(1:1-2:1)

서술자는 바사의 한 강대한 왕[26]을 소개하면서 이야기를 시작한다. 그는 수도인 수사의 궁궐에서 광대한 제국을 다스렸던 왕이

---

26 그는 아하수에로 왕이라는 이름으로도 알려져 있으며, 역사상의 크세르크세스 왕과 동일한 인물로 간주된다. 그러나 벌린은 에스더서에 등장하는 이 왕은 역사적인 실존 인물이 아니라고 주장한다(Berlin, *Esther*, 5).

다.²⁷ 에스더 이야기 속에 나타난 사건들은 모두 이 도시에서 펼쳐진다. 아하수에로 왕은 당시에 알려진 세계의 대부분을 아우르는 제국을 통치했으며,²⁸ 바사는 매우 강대한 나라였다.²⁹

에스더 이야기는 아하수에로 왕이 자신의 통치 제삼년에 호화로운 연회를 베푸는 것으로 시작된다. 귀족과 관리, 제후들을 비롯하여 그의 강력한 군대를 이끄는 지휘관들까지 전부 그 연회에 초대되었다(1:3). 왕이 연회를 연 의도는 제국 내의 모든 이로 하여금 그가 곧 나서게 될 그리스 침공을 지지하게 하려는 데 있었을 가능성이 크다.³⁰ 이 연회의 규모는 인상적인 것이었으며, 아마도 여섯 달 동안 이어진 듯하다. 이 연회의 주된 목적 중 하나는 아하수에로 왕의 부유함과 당당한 위엄을 과시하는 데 있었으며

---

27 커트는 아하수에로 왕이 자신의 통치기에 좀 더 효율적인 지배를 위해 그 제국을 여러 구역으로 세분했다고 언급한다(*The Ancient Near East*, 670, 676).

28 이 점에 관해, 캐리 무어(Carey A. Moore)는 페르세폴리스에 있던 크세르크세스 왕의 궁궐터에서 발견된 석판의 내용을 인용한다(*Esther*, The Anchor Bible [Garden City, NY: Doubleday, 1971], 4). 그 석판은 크세르크세스 치하의 바사 제국이 어디까지 확장되었는지를 확증한다.

29 커트는 바사 왕 고레스가 백성들의 적대감을 이용하여 바벨론을 침공한 일을 간략히 서술하며, 이때 그렇게 적대감을 보인 이들 중에는 유배된 유대인들 역시 포함되어 있었을 가능성이 있다(*The Ancient Near East*, 659).

30 아하수에로 왕은 주전 480-479년에 큰 규모의 그리스 침공을 감행했으나 실패했다(Berlin, *Esther*, xxxiii). 퍼스는 아하수에로가 그리스인들과의 전쟁에서 패배한 일에 관해 헤로도토스의 글을 인용한다(*Message of Esther*, 54).

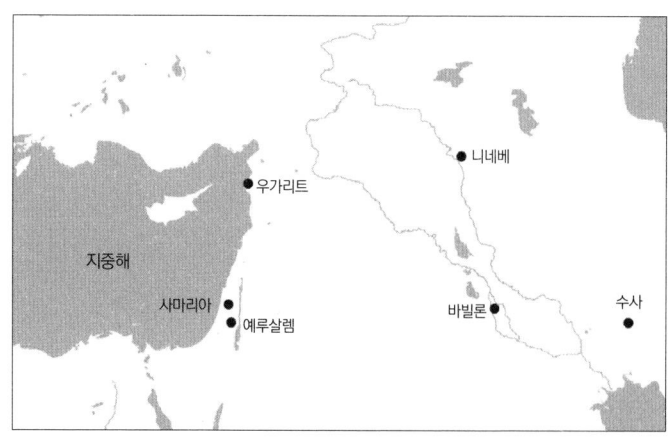

| 바사의 수도인 수사

(1:4), 모든 참석자가 충분히 강한 인상을 받았을 것이다. 서술자는 이같이 연회를 묘사하면서 이야기를 시작하고, 아하수에로 왕을 무적에 가까운 온 세계의 통치자로 그려 내고 있다.

첫 연회가 끝난 후, 왕은 그 도시 내부의 (궁궐이 있는) 성에 거주하는 이들을 위해 또 다른 연회를 연다(1:5). 이는 아마 첫 연회가 열린 여섯 달 동안에 그들이 수고한 것을 치하하는 자리였을 것이다. 서술자는 이 연회의 화려한 차림새를 세세히 묘사하면서 각기 다른 술잔 모양에 관심을 쏟는다(1:6-7). 이런 묘사에서는 왕의 엄청난 부를 보여 주려는 의도가 분명히 드러나고 있다. 이 잔치에서 왕은 궁내 관리들에게 누구나 원하는 만큼 실컷 마시게 하라는 명령을 내린다(1:8). 이것은 그 연회가 호화스럽고 무절제한 것이었음을 암시한다. 이때 참석자들은 다들 술에 잔뜩 취했을 것이라고 짐작해 볼 수 있지만, 본문에서 이 점을 뚜렷이 언급하지는 않는다. 이에 관해 벌린은 이렇게 지적한다. "이 장에서는 술 취한 자들의 방탕함과 왕의 무능함, 그리고 성적인 빈정거림이 엿보인다."[31] 또 잡스(Jobes)는 헤로도토스(Herodotus)의 글에 나타난 고대의 관습에 관해 흥미로운 통찰을 제시한다. "고대인들은 술에 취한 상태일 때 영적인 세계와 더 긴밀히 소통하게 된다고 믿었다. … 아하수에로 왕의 전략 회의가 열릴 때 참석자들이 술을 잔뜩 마시는 것은 꼭 필요한 요소 중 하나였을 것이다."[32] 만약 그렇다면, 서술자는 이 연회를 묘사하면서 신들의 대결을 미묘하게 도입하는 셈이 된다. 이는 이 이야기 전체에 걸쳐 암시적으로 전개될 주제이다. 이 점에 관해 아믈리 커트는 통찰력 있게 언급한다. "제국 체제의 중심에는 바사 왕이 있었다. 위대한 신 아후라마즈다(Ahuramazda)가 그를 여러 나라와 온 땅의 백성 위에 세웠으며, 바사로 하여금 그 나라들 위에 으뜸가는 권세를 누리게 했다. 그 신의 도움이 없이는 어떤 왕도 바사를 다스릴 수 없었다."[33]

연회가 끝날 무렵, 술에 잔뜩 취한 왕은 귀빈들 앞에 자신의 아

---

31 Berlin, *Esther*, 13.
32 Jobes, *Esther*, 68.
33 Kuhrt, *The Ancient Near East*, 676.

름다운 왕후를 선보이기로 마음먹었다(1:10-11). 그는 왕후가 가장 사랑스러운 여인임을 보여 주려 했다. 그는 이미 자신의 퇴폐적인 호화로움을 뽐냈으며, 이제는 자기 아내의 빼어난 용모도 과시하려는 것이다. 바로 이 시점에서 이야기는 예기치 못한 첫 번째 국면을 맞게 된다.

왕후 와스디가 왕의 부름을 거역하다(1:12)

매우 놀랍게도 왕후 와스디는 왕의 부름에 따르기를 거부한다. 이전까지는 감히 왕의 위압적인 명령을 거역하려 든 사람이 아무도 없었을 것이다. 그러니 왕이 자기 아내에게 공개적인 거절을 당하는 치욕을 겪고서 격분하는 것도 놀라운 일이 아니다(1:12). 그는 이 문제를 자신의 조언자들과 의논하기로 결정한다(1:13-15). 한편 그의 행동을 왕답지 못한 연약함의 표시로 해석할 필요는 없다. 오히려 그는 바사의 법적인 관행을 충실히 따르고 있다.

서술자는 왕후 와스디가 이같이 왕의 부름을 거절한 이유를 밝히지 않는다. 독자인 우리는 와스디가 왜 왕에게 거역하는 편을 택했는지, 또 와스디의 행동이 과연 옳았는지에 관한 답을 직접 찾아내야만 한다. 어떤 이들은 와스디가 여자들을 위한 연회를 따로 베푸는 중이었으므로, 남자들의 연회에 불려 나오는 일을 적절치 않게 여겼을 것이라고 추측한다. 또는 왕이 와스디에게 옷을 입지 않고 왕후의 관만을 쓴 채로 그곳에 나타날 것을 요구했다고 설명할 수도 있지만, 이는 가능성이 희박해 보인다. 그보다, 와스디가 그 일을 거절한 이유는 술 취한 남자들 앞에 마치 무희와 같은 존재로서 등장하기를 원치 않았기 때문이라고 보는 편이 좀 더 타당할 것이다.[34] 여하튼 서술자는 우리가 직접 숙고하고 추측하도록 놓아두며, 이를 통해 우리는 이야기 속에 좀 더 몰입하게 된다.

와스디의 동기가 어디에 있었든지 간에, 그녀의 이 같은 거부는 장차 유대인들에게 유익이 될 연쇄 반응을 일으키게 되었다. 이는 그저 우연한 일일까, 아니면 이미 하나님이 무대 뒤에서 일하기 시작하셨음을 시사하는 것일까?

왕후 와스디가 폐위되다(1:13-17)

왕의 조언자들은 자신들이 모시는 군주의 체면을 지키는 일에 나선다. 본문에서 그들은 "사례를 아는" 이들로 묘사된다(13절). 잡스에 따르면, "그들은 적절한 행동 방침을 알아내기 위해 점성술을 비롯한 여러 가지 점술을 활용했다."[35] 여기서 우리는 다시 한 번 보이지 않는 영역에서 벌어지는 싸움을 감지하게 된다. 이 왕실의 전문가들은 와스디 왕후가 거역한 일이 제국 내에 있는 여

---

34 Berlin, *Esther*, 11.
35 Jobes, *Esther*, 78.

성들의 반항을 불러올 수 있다고 결론지었다(1:16-18). 이러한 반항은 반드시 막아야만 했기에, 와스디는 즉시 자신의 지위에서 물러나야 했다(1:19). 이후에 이야기 속에서 펼쳐진 사건들을 생각해 보면, 와스디가 왕의 요구를 거역했는데도 목숨을 유지한 것이 오히려 놀랍다고 할 수 있다.

이 예기치 않은 일들 덕분에, 다른 여인이 왕후의 자리에 오를 길이 열렸다. 그녀는 와스디보다 "나은" 사람이어야 했으며(1:19), 아이러니하게도 이 표현은 왕의 절대적인 권위에 거역하지 않을 이를 가리키는 것이었다.

아하수에로 왕이 불복종을 금하는 칙령을 내리다(1:18-22)

제국 내에서 혼란이 생겨나서 (이 경우에는 아내에 대한 남편의) 정당한 권위가 흔들리는 것을 막기 위해, 왕은 다시금 명령을 내린다(1:21-22). 여기서 서술자는 왕을 웃음거리로 삼으려는 것일까? 그 왕은 정말 자신이 내린 이 지침을 통해 또 다른 불복종이 일어나는 것을 막을 수 있다고 여겼을까? 그런데 여기서 메대와 바사의 법령이 변개될 수 없다는, 사소해 보이는 듯한 사항은 이후의 이야기 속에서 큰 의미를 지니게 된다![36] 이 칙령은 제국 내의 각

---

36 바사의 법체계에서 왕이 내린 명령은 철회될 수 없었다는 증거는 찾아보기 어렵다. 다만 다니엘서 6:8에서도 바사의 법령이 취소될 수 없는 것이었음

언어로 모든 지역에 공표되었으며, 온 백성이 그 내용을 접하게 되었다(1:22). 이 점은 왕의 통치 방식이 지닌 특징으로, 왕은 상의 하달 방식의 지시를 통해 제국을 다스렸다.

1장은 이 같은 어조로 끝을 맺는다. 2장의 첫 절에서 우리는 폐위된 왕후에 대한 애정이 왕에게 여전히 남아 있음을 알게 된다(2:1). 여기에는 그가 술에서 깬 뒤 자신의 충동적인 결정을 뉘우쳤다는 암시가 담겨 있다.[37] 하지만 아이러니하게도 그는 자신이 내린 법령의 덫에 갇혀 있으며, 이는 메대와 바사의 법령이 철회될 수 없는 것이기 때문이다. 이 점은 이후의 사건들에서도 걸림돌로 작용하게 된다. 왕이 와스디에게 어떤 감정을 품었든지 간에 그녀의 운명은 이미 정해졌고, 그 결정은 번복될 수 없었다. 이제 그가 논리적으로 취해야 할 다음 행동은 새 왕후를 찾는 것이었으며, 그녀는 와스디보다 나은 사람이어야 했다. 그리고 에스더는 권위를 거스르기보다는 순종하는 여성이었던 것이다. 이렇게 새 왕후를 찾는 일이 시작되었다(2:2-4).

힘없는 유대인 처녀가 총애를 받다(2:2-18)

에스더는 아하수에로 왕의 통치 제칠년에 그를 대면하게 된다

을 언급하고 있기는 하다.
37 Berlin, *Esther*, 22.

(16절). 이는 왕후 와스디가 폐위된 연회 이후 사 년이 흐른 때였다. 그 사이에 왕은 측근들의 제안을 받아들였으며(2-4절), 이후 새로운 왕후를 찾는 일이 계속 진행되었다.

아하수에로 왕이 왕후를 물색하라는 칙령을 내리다(2:2-8)

여기서 서술자는 이야기의 주요 등장인물 중 한 명인 모르드개를 능숙하게 소개한다(2:5-6). 그는 모르드개가 유대인임을 분명히 밝히며, 이후 이야기가 전개되면서 모르드개의 이름이 언급될 때마다 이 사실을 계속 언급한다. 서술자는 이스라엘 왕 사울까지 거슬러 올라가는 계보를 추적하면서 모르드개의 선조들이 누구인지를 밝힌다. 그런데 아이러니하게도 사울 왕은 본이 되지 못했던 인물이다(삼상 13:7-14). 이 시점에서는 그의 계보가 이야기의 흐름과 무관해 보일지 모르지만, 이야기가 펼쳐짐에 따라 이 계보는 중요한 의미를 지니게 된다.

여기서 서술자가 알려 주는 또 다른 중요한 정보는 모르드개가 귀환하지 않고 바사 땅에 거주하고 있는 유대인이라는 것이다.[38] 에스더서 이야기가 기록된 이유는 바로 여기에 있다. 곧 하나님은 약속의 땅인 고국으로 돌아간 유대인들뿐 아니라 모르드개와 에

---

38 예레미야 29장은 약속의 땅에서 추방되어 이방의 통치 아래 살아가는 유대인들에게 내리신 하나님의 명령들을 언급한다.

스더처럼 어떤 이유에서든 돌아가지 않는 편을 택한 이들에게도 관심을 품고 계심을 일깨워 주려는 것이다.

이어 서술자는 모르드개와 에스더의 관계를 알려 준다. 에스더에게는 두 가지 이름이 있었다. 하나는 '하닷사'라는 유대식 이름으로 '머틀(myrtle)'[39]을 뜻했으며, 다른 하나는 바사식 이름인 '에스더'였다(2:7). 에스더는 공교롭게도 보기 드물게 매력적인 처녀였던 듯하다. 사실 그녀의 아름다움은 놀라울 정도였다! 하지만 그녀의 삶에는 딱한 배경이 있다. 에스더의 부모님은 일찍 돌아가시고, 친척인 모르드개가 그녀를 양녀로 삼았던 것이다. 이 점은 에스더가 놀랄 만큼 아름다운 여인이었지만 사회적인 지위나 영향력은 전혀 갖고 있지 못했음을 함축한다.

자신의 명령이 지켜지지 않는 것을 원치 않았던 왕은 또 다른 칙령을 내린다. 이번에 내린 명령은 제국 안의 아름다운 처녀들을 모두 왕후 후보감으로 모아들이라는 것이다(2:8). 수사에 살던 에스더도 왕궁으로 "이끌려" 가게 된다(2:8). 이런 본문의 표현은 이 일에 관해 그녀에게는 어떤 결정권도 없었음을 시사하는 듯하다. 에스더는 그저 왕이 내린 칙령의 기준에 부합했기 때문에, 다른 수많은 매력적인 처녀들과 함께 붙들려 가서 왕의 후궁에 머물게 된다. 이 처녀들 중의 한 명이 와스디를 대신해서 왕후의 자리에

---

39 역주: 지중해 연안에 분포한 높이 1.5-4.5m 정도의 늘푸른나무.

오르게 되어 있었다. 이때 그녀의 배경을 아는 독자들로서는 과연 에스더가 그 자리에 오를 수 있을지를 의아히 여길 수밖에 없다. 여기서 다시 한 번 우리는 보이지 않는 하나님의 존재를 파악하게 된다. 다만 본문에서는 에스더가 가장 적합한 후보감으로 여겨진 이유에 관해 어떤 단서도 주지 않는다.[40]

에스더가 왕후가 될 후보감으로 선택되다(2:9-16)

에스더가 처음에 거둔 큰 성과는 왕의 후궁을 관장하는 내시 헤개에게 호의를 얻은 일이다(9절). 헤개가 에스더를 "좋게 보고 은혜를 베[푼]" 것은 아마 그녀의 빼어난 용모와 매력 때문이었을 것이다. 이 일은 다시 한 번 하나님의 손길이 은밀히 역사하고 있음을 보여 주는 증거가 된다. 하나님의 그 손길 덕분에 에스더는 다른 처녀들보다 더욱 호감을 사고, 왕후의 자리에 오르는 데 유리한 입장에 놓이게 된 것이다. 마침내 왕 앞에 선보일 차례가 오자, 그녀는 헤개의 말에 귀 기울이는 모습을 보인다(15절). 에스더는 그 내시가 총애하는 처녀였다. 하지만 과연 그녀는 왕에게도 선택을 받게 될까?

---

40 에스더가 도덕적인 가치관을 거슬렀으며 유대적인 정체성을 잃었음에도 불구하고 하나님이 그녀를 들어 쓰신 점에 관해서는 이 책의 마지막 장에 있는 '하나님의 은혜'라는 항목에서 추가로 논의할 것이다.

당시의 진행 절차를 살펴보자. "저녁이면 갔다가 아침에는 둘째 후궁으로 돌아와서 비빈을 주관하는 내시 사아스가스의 수하에 속하고"(14절). 에스더는 왕과 '합법적인' 하룻밤을 보내게 되었으며, 이때 자신의 용모와 성적인 매력으로 그에게 깊은 인상을 주어야 했을 것이다. 그 일에 성공할 경우, 왕이 "그의 이름을" 부름으로써 그녀는 다시금 왕 앞에 나아갈 수 있었다(14절). 한편 이렇게 에스더가 왕에게 나아간 일을 살필 때, 우리는 그녀의 성적인 순결과 하나님께 대한 충성심에 관해 좋지 않은 인상을 받게 된다(출 20:14; 삿 14:3). 그 일은 분명히 그녀의 유대인으로서의 정체성을 약화시키는 것이었기 때문이다.

우리는 여기서 에스더가 미덕의 본보기로 묘사되지 않음을 알 수 있다. 그녀는 자신의 유대적인 신앙을 타협하는 일도 마다하지 않고 왕과 동침했다. 물론 우리는 그녀에게 선택의 여지가 많지 않았음을 안다. 하지만 그녀에게 선택권이 전혀 없었던 것은 아니다. 비록 그녀가 왕의 명령에 협조하지 않았다면, 이 이야기가 행복한 결말로 끝날 가능성은 거의 없었겠지만 말이다! 이렇듯 에스더는 신실한 유대인이 아니었을지 모르지만, 그렇다고 신앙이 전혀 없는 것도 아니었다. 유대의 전통을 물려받은 그녀는 아마도 성경의 내용을 배우고 익혔을 것이다. 이런 요소들이 지금은 잘 드러나지 않는 듯이 보일지 모르지만, 이후 에스더가 자신이 유대인임을 밝힐 때에 가서 이 일들은 중요한 의미를 지니게 된다.

여기서 가장 놀라운 일은 모르드개가 에스더에게 유대인임을 드러내지 말라고 지시한 것이다(10절). 그의 말에 따른 에스더는 자기가 숨기고 있었던 정체성을 마침내 드러내야 할 때가 오기까지 그 사실을 들키지 않고 살아갈 수 있었다. 이후에 에스더가 그 사실을 드러내게 된 때는 이미 왕후가 되고 나서였다. 모르드개의 이 같은 지시는 귀환하지 않고 바사에 머물고 있는 유대인들에 대한 적개심이 당시 바사인들 사이에 존재했을지도 모른다는 것을 미묘하게 암시해 준다. 우리는 바사에 유대인들에게 원한을 품은 자가 적어도 한 사람은 분명히 있음을 곧 보게 될 것이다.

에스더가 왕후의 자리에 오르다(2:17-18)

뜻밖에도 에스더는 왕의 총애를 받아 새로운 왕후의 자리에 오르게 되며, 왕은 이 일을 경축하기 위해 그녀를 위한 잔치를 연다.[41] 이 이야기에서 앞서 벌어졌던 잔치는 불행하게 끝났다. 그러면 이 잔치에서는 어떤 일이 일어나게 될까?

우리는 에스더가 왕의 총애를 얻은 이유를 궁금히 여길 수 있다. 아마 그 이유는 그녀의 빼어난 용모에 있었겠지만(2:7), 왕과

---

41 벌린은 이 잔치의 성격을 더욱 자세히 설명한다(Berlin, *Esther*, 4).

하룻밤을 보내면서[42] 생겨난 서로의 성적인 관계[43] 역시 그 이유가 되었을 것이다. 그 결과로 에스더는 '자신의 정체를 숨긴 채' 바사의 궁정에 머무르는 유대인 왕후가 되었다. 이 예기치 않은 그녀의 즉위를 무언가 다른 방식으로도 설명할 수 있을까? 분명히 이 일은 그저 손쉽게 일어난 우연의 일치는 아니었다!

이야기의 첫 번째 장은 여기서 끝이 난다.

무대 뒤에서 일하시는 하나님

에스더의 시대에 일부 하나님의 백성이 유배된 삶을 살았듯이, 오늘날의 우리 역시 유배된 자의 삶을 살아가고 있다. 우리는 아직 본향인 새 하늘과 새 땅에 이르지 못했기 때문이다. 베드로전서 2:11은 각지에 흩어진 그리스도인들에게 이 세상에서 나그네와 이방인으로 살아갈 것을 일깨운다. 이 말씀에는 이 세상에 속한 것들에 지나친 애착을 품거나 자신이 처한 환경에 동화되려고 해서는 안 된다는 함의가 담겨 있다(요일 2:15-17). 그렇게 하기보다 우리는 하나님을 기쁘시게 하기 위해 살아가야 하며, 하나님은

---

42 에스더 이야기를 소재로 삼아 만든 '왕과 함께한 하룻밤-에스더 이야기'(*One Night with the King*)라는 영화가 있다. 다만 안타깝게도 그 제작자들은 성경의 줄거리를 충실히 따르지는 않았다.

43 에스더 본문은 에스더와 왕의 성적인 관계를 명확히 밝히지 않는다. 그렇지만 이런 정황에서 젊은 여성이 왕과 하룻밤을 보내도록 불려갈 만한 다른 이유를 찾기는 어렵다(2:12-18).

우리의 실수를 비롯한 모든 일들을 들어 쓰셔서 자신의 목적을 이루어 가실 수 있다는 점을 깨달아야 한다.

> 하나님은 우리가 그분의 목적을 받들게끔 지금 우리가 있는 곳에 우리를 두신다. 하나님은 지금도 역사의 절정을 향해 모든 일을 이끌고 계시며, 그 절정은 곧 예수님이 다시 오셔서 영원히 다스리실 그때를 말한다.

우리의 확신은 하나님이 우리가 처한 환경과 우리 삶의 사건들을 그분의 뜻대로 인도해 가신다는 점을 분명히 아는 데서 온다. 하나님은 우리가 그분의 목적을 받들게끔 지금 우리가 있는 곳에 우리를 두신다. 하나님은 지금도 역사의 절정을 향해 모든 일을 이끌고 계시며, 그 절정은 곧 예수님이 다시 오셔서 영원히 다스리실 그때를 말한다.

그뿐 아니라 에스더서는 세상의 강대한 통치자들이나 그들이 따르는 신들에게 겁먹을 필요가 전혀 없음을 일깨워 준다. 그런 자들은 모두 유한한 존재이며 하나님과 감히 비교도 되지 않기 때문이다. 우리가 따르는 하나님은 누구와도 견줄 수 없는 만유의 주재로서, 온 세상을 영원히 다스리실 것이다(계 11:15). 이런 사실은 진정한 힘이 누구에게 있는지를 다시금 일깨워 준다. 사람들의 눈에 보이지 않더라도 오직 하나님만이 참된 권세자이신 것이다.

| 읽 어 볼 글 들 |

- 에스더 1:1-2:18
- 잠언 21:1; 31:30
- 갈라디아서 4:4
- 요한일서 2:15-17

| 생 각 해 볼 질 문 |

01 당신은 에스더 이야기를 읽으면서, 하나님이 무대 뒤에서 활동하시면서 사람들을 적절한 때에 꼭 필요한 장소와 지위로 이끌어 가신다는 것을 이해하는 데 어떻게 도움을 받았는가?

_____

_____

02 분명히 이 이야기는 여기서 아하수에로 왕의 강력한 힘에 초점을 맞추고 있다. 하지만 그와 동시에 이 세계의 통치자들이 실상은 그리 견고하지 않다는 점이 이 이야기 속에서 어떻게 드러나고 있는가?(시 2편: 잠 21:1)

_____

_____

03 아하수에로 왕은 아름다움과 부, 권력에 집착하는 모습을 보인다. 이제 그리스도인인 우리는 부와 권력이 지배하는 세상에서 아름다움이 지니는 의미를 어떻게 이해해야 하겠는가?(잠 31:30) 특히 여성들은 이를 어떻게 생각하는 것이 바람직할까?

_____

_____

5장

제2장 유대인이 학살당할 위기에 처하다

우리의 원수는 사람들의 삶을 파괴할 뿐 아니라 예수 그리스도에 대한 신앙의 흔적을 전부 말살하려 한다(요 10:10). 그 때문에 우리의 삶이 통제 불능의 상태에 있는 듯이 보일 때도 있고, 우리에게 적대적인 공격이 쏟아져서 말할 수 없는 고통을 겪게 될 때도 있다. 하지만 우리는 하나님이 이런 위협들이 있음을 깨닫지 못하시거나 그 위협들을 물리쳐 주시지 못하는 일은 결코 없다는 사실에서 위로를 얻어야 한다. 제2장이 일깨워 주는 것은 바로 이 진리이다. 이제 사랑스러운 여인 에스더는 왕후의 자리에 올라 왕의 궁중에 머물게 된다. 그런 다음에 서술자는 이야기의 초점을 모르드개에게로 옮기고, 모르드개와 하만 사이에는 팽팽한 긴장이 생겨나게 된다.

한 유대인이 왕을 죽음에서 구해 내다(2:19-23)

서술자는 모르드개가 "대궐 문에 앉[아]" 있었다고 묘사한다 (19절). 이는 모르드개가 왕을 섬기는 관리 중 하나였음을 나타내는 듯하다.[44] 이로 인해 모르드개는 궁궐 내에 있는 에스더와 자주 접촉할 수 있었을 것이다.

왕후 에스더의 정체가 여전히 비밀로 유지되다(2:19-20)

앞서 에스더는 순종적인 품성을 지녔음을 드러낸 바 있다. 이제 그녀는 왕후가 되었지만, 여전히 모르드개의 말에 따르고 있다(20절; 2:10도 보라). 처음에 에스더가 왕후로 간택된 것도 바로 그 순종 덕분이었다. 그러므로 에스더는 이전의 왕후인 와스디와는 뚜렷이 대조되는 인물로 묘사된다. 다만 이 시점에서 에스더가 이 이야기의 흐름에 가장 뚜렷이 기여하는 부분은 바로 그녀가 궁궐에 있다는 점 자체이다.

모르드개가 왕의 암살 음모를 밝혀내다(2:21-23)

한편 모르드개는 왕을 암살하려는 음모를 엿듣게 된다. 왕을 섬기는 내시 두 사람이 무언가 드러나지 않은 이유로 왕에게 불만을

---

44 Robert Gordis, "Studies in the Esther Narrative," *Journal of Biblical Literature* 95 (1976): 43-58.

품고 있었던 것이다. 이 점은 독자가 채워야 할 또 다른 공백이다 (21절). 이때 모르드개는 왕을 향한 깊은 충성심을 발휘하여 이 음모를 왕후 에스더에게 알렸으며, 다시 에스더는 왕에게 그 사실을 전했다. 이처럼 모르드개는 자신이 유대인임에도 불구하고 이방 왕에게 적개심을 품은 기색을 보이지 않는다. 이렇게 음모를 적발함으로써, 그의 믿음직한 성품과 왕권에 대한 존중이 드러나게 되었다.

이어진 조사에서 모르드개의 말이 옳음이 확인되고, 음모자들은 교수대에 달렸다. 이는 왕이 반역 행위를 무자비하게 처벌함을 보여 준다. 하지만 어떤 이유에서인지 (혹시 누군가의 착오로?) 모르드개는 음모를 용감히 저지한 공적을 인정받지 못했다. 이 일은 또 다른 공백을 만들지만, 이는 이후에 가서 채워지게 된다. 이때 에스더는 모르드개가 보상을 받도록 노력을 기울이지 않은 것이 분명하다. 그러나 이 일을 통해 에스더는 왕 앞에서 꼭 필요한 신뢰를 쌓게 되고, 나중에 이는 그들에게 유익한 결과로 돌아오게 된다.

왕이 유대인들의 원수를 높은 지위에 앉히다(3:1-5)

얼마의 시간이 흐른 뒤, 왕은 이제껏 언급되지 않았던 하만을 그 제국에서 가장 높은 자리에 앉혔다. 이 일은 모르드개가 왕을 충성스럽게 섬겼음에도 공적을 인정받지 못한 것과 뚜렷이 대조

된다. 아하수에로 왕은 밝혀지지 않은 이유로 하만을 가장 높은 위치로 승진시켰다(1절). 이때 이 일이 적법하고 마땅한 임명이 아니었다는 암시는 본문에서 찾아볼 수 없지만, 하만이 이처럼 높은 지위에 오른 것은 유대인들에게 심각한 위기를 불러오는 원인이 되었다. 특히 모르드개가 훌륭한 충성심을 보였던 점에 비추어 볼 때 이 위기는 더욱 충격적인 것으로 다가온다. 마땅히 하만 대신에 그가 승진되어야 하지 않았을까? 이같이 서로 대비되는 모습은 또 다른 공백을 낳고, 독자들은 그 해답을 숙고하게 된다. 결국에는 이 같은 문제 제기가 옳음을 입증하는 듯한 운명의 역전이 일어나게 될 것이다.

에스더서 본문은 과연 하만이 이 지위에 적합한 인물이었는지에 관해 어떤 근거도 제시하지 않지만, 그가 사람들에게 어떤 반응을 요구했는지는 명확히 나타난다. "대궐 문에 있는 왕의 모든 신하들이 다 왕의 명령대로 하만에게 꿇어 절하되"(2절). 왕이 그를 높여 주었으므로, 다른 모든 이들도 그를 높여야만 했다.

모르드개는 하만을 높이기를 거부하다(3:1-4)

그러나 역시 밝혀지지 않은 이유로, 모르드개는 하만을 높이기를 거부한다(2절). 모르드개가 그렇게 행한 이유를 통치자들의 정당한 권위에 대한 존경심이 없었기 때문이라고 생각할 수는 없다.

그는 얼마 전 왕의 목숨을 구함으로써 자신의 충성심을 증명했기 때문이다. 따라서 이 일 역시 이야기 속에서 긴장감을 낳는 중요한 공백이 되지만, 이는 곧 채워지게 된다.

모르드개가 왕에게 암살 음모를 알렸던 것처럼, 왕의 신하들도 모르드개의 일을 하만에게 밀고한다(3:3-4). 예상할 수 있듯이, 이때 하만이 모르드개에게 보이는 반응은 와스디의 거역에 왕이 보였던 반응과 유사하다. 이 시점에서 서술자는 다시금 모르드개의 정체성에 관해 '사소한' 세부 사항을 포함시킨다. 곧 그가 유대인이라는 것이다(3:4).

선조 때부터 내려온 원한이 드러나다(3:5)

우리가 핵심 인물인 하만과 모르드개의 배경을 좀 더 깊이 살펴보면, 모르드개가 노골적으로 저항하는 모습을 보인 동기와 더불어 하만이 모르드개와 유대 백성에게 은밀하고 개인적인 복수심을 품게 된 동기가 드러난다.

여기서 서술자는 하만의 정체성을 미묘하게 드러내며(3:1), 이는 모르드개와 하만이 서로에게 품어 온 원한을 이해하는 열쇠가 된다. 그것은 바로 하만이 아각 사람이라는 것이다!

아각 사람인 하만에게는 과거에 아말렉 족속이 이스라엘을 향해 품었던 적개심과 반감이 그대로 남아 있었다. 그는 기회만 있다면 유대인들을 전부 멸절시키고 말 사람이었다. 이제 권력자의 지위에 오른 그의 앞에 바로 그런 기회가 주어졌다.

모르드개가 하만에게 저항한 일은 그저 개인적인 모욕으로 간주할 만한 일이 아니었다는 점을 기억해야 한다. 그것은 곧 왕의 명령을 거역하는 일이었다. 여기서 우리는 앞서 왕후 와스디가 불복종했던 일을 떠올리게 된다. 모르드개는 과연 그 왕후처럼 비참한 최후를 맞게 될까? 혹시 더 심한 일을 겪게 되지는 않을까? 이 사건을 통해, 하만은 자신의 계획을 실행하고 자신이 모르드개보다 더 우월함을 드러낼 근거를 얻었다.

■ 아말렉 족속 대 이스라엘 백성

여러 세대 전, 이스라엘 백성은 아말렉 족속과의 싸움에서 기억에 남을 만한 승리를 거두었다. 당시 아말렉 족속이 애굽에서 구출된 이스라엘 백성을 공격해 왔으나, 이스라엘은 모세가 하늘을 향해 손을 듦으로써 그 대적을 누르고 승리를 거두었다. 이 전투 이후에 하나님은 이스라엘 백성에게 아말렉 족속을 멸절해 주실 것을 약속하셨으며(출 17:14), 또한 이후에도 그 백성에게 아말렉 족속을 하늘 아래서 진멸해야 함을 일깨워 주셨다(신 25:17-19). 그리하여 모르드개의 선조인 사울 왕의 지휘 아래, 두 민족 사이에 피할 수 없는 대결이 벌어졌다(이때의 자세한 일은 사무엘상 15:1-3에 기록되어 있다). 하나님은 사울에게 아말렉 족속을 철저히 진멸할 것을 명령하셨으나, 사울은 무슨 이유에선지 아말렉 왕 아각의 목숨을 살려 주었다(삼상 15:20; 이후 사무엘이 아각을 죽인 일에 관해서는 사무엘상 15:33을 보라). 아이러니하게도 나중에는 한 아말렉 사람의 손에 사울 왕이 죽임을 당했다(삼하 1:1-16).

하만이 유대인 학살 음모를 꾸미다(3:6-15)

이제 하만은 모르드개뿐 아니라 그가 속한 유대 백성 전체를 향해 분노를 쏟는다(6절). 하만은 격렬한 적개심을 품고 바사 제국 전역의 유대인들을 쓸어버리려 하고, 이는 물론 하나님의 뜻과 뚜렷한 대조를 이룬다. 그리하여 대결은 지속된다. 과연 누가 자신의 뜻을 이루게 될까? 이 내기에는 큰 액수의 판돈이 걸려 있다. 더 큰 구도에서 볼 때, 유대인의 후손을 통해 인류를 구원하시려는 하나님의 계획 역시 위기에 처해 있었기 때문이다. 온 땅의 유대인들이 멸절되고 나면, 그분의 계획이 어떻게 성취될 수 있겠는가?

운명의 날이 정해지다(3:7)

여기서 서술자는 유대인의 학살이 계획된 연도(아하수에로 왕의 통치 제십이년)와 그 일이 벌어지게 될 날짜를 언급한다. 날짜가 이런 식으로 확정된 것은 의미심장하다. 이는 하만이 왕의 허락을 구하기도 전에 이미 그 날짜가 정해진 것으로 보이기 때문이다. 이것은 이제 실질적인 권력 이동이 이루어졌으며, 하만이 그 상황을 지배하고 있음을 보여 주는 것일까? 만약 그렇다면, 이 상황은 모르드개와 그의 동

> 더 큰 구도에서 볼 때, 유대인의 후손을 통해 인류를 구원하시려는 하나님의 계획 역시 위기에 처해 있었다. 온 땅의 유대인들이 멸절되고 나면, 그분의 계획이 어떻게 성취될 수 있겠는가?

족 유대인들에게는 더욱 이롭지 않은 것이었다.

더욱 흥미롭게도, 이 날짜는 하만이 직접 고른 것이 아니라 제비뽑기를 통해 결정되었다. 이 진흙으로 만든 '부르'(*pur*)라는 물건은 점치는 데 사용된 주사위 같은 것이었으며, 나중에 언급되는 유대인의 부림절은 바로 이 '부르'에서 이름을 따온 것이다. 달리 말하면, 여기서 날짜를 정한 것은 바로 바사의 신들이다.

■ 신들의 충돌

바사의 신화에서 신들 중 하나인 아후라마즈다('지혜의 주인'을 뜻함)는 세상의 창조자이자 빛과 진리, 선함을 상징하는 신으로 이해되었다. 또한 이 신은 바사의 왕에게 그 광대한 제국을 다스릴 으뜸가는 통치권을 내려주는 존재로 인정되었다.[45] 한편 유대인들이 섬기는 여호와 하나님 역시 유대인들을 비롯해서 온 땅에 거하는 모든 이를 창조하신 분이며, 만물의 통치자이다. 따라서 이 두 신이 서로 충돌하는 것은 불가피한 일이었다.

그렇다면 어느 신이 승리자가 될 것인가? 과연 바사의 신들이 하나님께 속한 그 백성의 운명을 결정짓게 될까? 그러나 하만의 계획이 이루어지기까지는 아직도 열한 달이 지나야만 했다.

왕이 죽음의 칙령을 내리다(3:8-12)

하만은 왕에게 능숙하게 거래를 청한다(8-9절). 다만 그는 이

---

45 이에 관한 어원상의 정보는 www.behindthename.com에서 찾아볼 수 있다.

'반역적인' 백성을 고발할 근거를 찾기 위해 진실을 다소 왜곡해야만 했다. 그래서 그는 그 이름을 언급하지 않은 채로 한 민족이 왕을 거역하고 있다고 모함한다. 하지만 이 같은 그의 주장이 옳지 않음은 앞서 모르드개가 왕의 암살 음모를 밝혀낸 일을 통해 이미 입증된 바 있다. 에스더와 모르드개의 삶 속에서는 하만이 유대인들에 관해 조작해 내려 했던 어떤 허물도 찾아볼 수 없었다는 점에 유의해야 한다. 한편 이 시점에서 에스더가 유대인이라는 사실은 여전히 비밀로 남아 있으며, 흥미롭게도 하만 역시 이 백성이 누구인지를 왕에게 밝히지 않는 편을 택한다. 무엇보다 놀라운 것은 왕 역시 그들이 누구인지를 알아내려 하지 않는다는 점이다. 하만은 엄청난 재물을 왕의 금고에 바치겠다고 약속함으로써 이 거래를 더욱 매력적인 것으로 만들고, 이를 통해 유대인들을 제거하고 말겠다는 굳은 의지를 드러내는 동시에 자신의 막대한 부를 과시한다(9절). 이 점에서 그는 왕이 앞서 보여 준 행동을 흉내 내고 있다.

왕은 하만의 요청을 묵인하고 그에게 자신의 인장을 새긴 반지를 준다. 이로써 하만은 자신의 학살 계획을 실행하는 일에 전권을 부여받는다. 여기서 벌린은 왕의 이 행동에서 왕이 나약하고 쉽게 조종당하는 사람임이 드러난다고 해석한다.[46] 곧 왕이 이런

---

46 Berlin, *Esther*, 42.

식으로 행동하면서 사실상 자신의 통치권을 포기하고 있다는 것이다.

이 중대한 시점에서 서술자는 하만의 정체를 드러낸다. 곧 하만은 이 이야기의 악역이며, 유대인들의 대적이다(10절). 왕의 이름으로 하만은 온 땅의 유대인들에게 적용되는 죽음의 칙령을 내린다. 이로써 유대인들의 운명이 확정되었다! 드디어 하만은 모르드개와의 대결에서 승리한 듯이 보인다.

운명의 날이 널리 공표되다(3:13-15)

이 죽음의 칙령은 제국 전역의 모든 이에게 공표되었으며, 누구나 그 내용을 이해할 수 있도록 다양한 언어로 작성되었다.[47] 이 세부 사항을 살피면서 우리는 사람들의 언어가 혼란에 빠진 바벨탑 사건(창 11:7)과 그 재앙을 역전시킨 오순절 사건(행 2:8)을 떠올리게 된다. 그 칙령의 표현 방식을 살펴보면, 그 속에는 오래전에 하나님이 내리셨던 명령(삼상 15:3)을 대신하려는 의도가 담겨 있음이 드러난다(에 3:13). 여기서 중요한 또 한 가지 요소는 이 칙령이 법적인 구속력을 지닌다는 점이다. 특히 메대와 바사의 법령들

---

[47] 커트는 이렇게 언급한다. "아케메네스 왕조의 왕들은 칙령을 공표할 때 각 지역의 언어들을 활용했지만, 또한 아람어를 일종의 공용어로 사용하면서 그 언어를 제국 전역으로 확산시켰다."(*The Ancient Near East*, 699)

은 철회될 수 없기 때문에 더욱 그러했다(에 1:19). 이 같은 요소들의 결합은 심각한 위기를 불러왔다. 이제 유대인들의 생존 자체가 위기에 처해 있었으며, 탈출구는 전혀 없는 듯이 보였다. 이 대학살을 주도한 이는 바로 하만이었고, 그가 내린 칙령이 실행되는 것은 시간문제였다. 그런데 '우연히도' 이 죽음의 칙령은 13일에 시행될 예정이었으며, 그다음 날은 바로 유월절이었다. 유월절은 과거에 하나님이 선조들을 구해 주신 일을 기리면서 유대인들이 오랫동안 지켜 온 절기였다. 이 외관상의 우연은 한 가닥 희망을 보여 준다. 이전에도 하나님이 이같이 그분의 백성을 구해 주신 적이 있었으며, 그 일을 다시금 이루어 주실지도 모른다는 것이다.

제2장은 엇갈리는 분위기 속에서 끝을 맺는다. 세계에서 가장 큰 권력을 지닌 두 인물이 마주앉아 거만하게 술을 들이켜고 있다. 그러나 같은 시각, 수도에 거주하는 백성들은 그 긴급한 소식을 듣고 충격을 받은 상태에 있다. 얼마 있으면 제국 안의 모든 유대인이 몰살될 것이며, 다른 많은 백성들은 피할 수 없이 닥쳐온 이 학살을 탄식하면서 애도하게 될 것이다. (이는 유대인들이 모든 이에게 멸시받지는 않았음을 보여 주는 또 다른 단서이다.) 이제는 유대인들의 생존 자체가 위기에 처했다. 그들은 이 땅에서 멸절되는 일을 어떻게 모면할 수 있을까?

자신의 목적을 이루시는 하나님

사람들이 예기치 않은 적개심을 쏟아낸다 해도 하나님의 백성은 당황할 필요가 없다. 오히려 그리스도인으로서 우리는 사람들의 반발 뒤에 신앙의 진정한 대적(사탄-역주)이 도사리고 있음을 분별해야 한다. 그자는 우리의 신앙과 삶을 허물어뜨릴 틈을 늘 노리지만, 우리가 섬기는 하나님이 그런 공격을 모두 물리쳐 주실 수 있다는 사실은 큰 용기를 준다. 비록 우리가 처한 환경이 암담해 보일지라도 희망을 포기할 이유는 전혀 없다. 우리가 믿는 하나님은 불가능한 일을 이루실 수 있는 분이기 때문이다.

또한 이 두 번째 장은 어떤 세대에 속한 이들이 저지른 불순종의 대가로 그 뒤를 잇는 사람들이 여러 세대에 걸쳐 고통을 겪게 될 수 있음을 일깨워 준다. 곧 우리 세대에서 저지른 불순종이 다음 세대들의 삶에 부정적인 효과를 미칠 수 있다는 것이다. 그렇기에 우리는 하나님께 더욱 온전히 순종하기로 굳게 결심해야 한다. 우리 자신이 하나님께 순종하지 못한 대가로, 이후의 세대들에게 불리하게 작용하거나 짐이 될 만한 문제를 남기는 일이 없도록 분발해야 한다.

> 비록 우리가 처한 환경이 암담해 보일지라도 희망을 포기할 이유는 전혀 없다. 우리가 믿는 하나님은 불가능한 일을 이루실 수 있는 분이기 때문이다.

그리고 이 장은 우리의 삶에서 '우연히' 일어나는 일은 아무것도 없음을 일깨워 준다. 심지어는 여기서처럼 '신들의' 뜻이 담긴 듯한 제비를 뽑은 경우에도, 참되신 하나님이 자신의 백성을 신원하시고 자신의 옛 약속을 친히 이루실 것을 믿지 못하도록 막을 것은 아무것도 없다. 비록 우리의 상황이 회복 불가능한 듯이 보일지라도, 하나님은 그 속에서 자신의 목적을 반드시 **이루어 가실** 것이다. 이는 그 무엇도 하나님의 계획을 좌절시킬 수 없기 때문이다. 하나님은 세상의 어떤 권세자들이나 그들이 세운 계획보다도 자신이 훨씬 더 우월하신 분임을 드러내실 것이다.

읽어 볼 글들

- 에스더 2:19-3:15
- 출애굽기 17:8-15
- 신명기 25:17-19
- 사무엘상 15장
- 사무엘하 1:1-16
- 잠언 16:33

생각해 볼 질문

01 우리는 그리스도인으로서 이따금 마주치는 예기치 않은 위협에 어떻게 반응해야 하겠는가? 그 배후에 있는 자가 누구인지를 아는 것이, 이런 위협들에 더 효과적으로 맞서는 일에 어떻게 도움이 되겠는가?(엡 6:12)

02 지금까지 살아오면서, 당신이 하나님께 불순종함으로써 당신의 자녀와 손주들에게 의식적으로나 무의식적으로 부정적인 영향을 끼친 부분이 있다면 어떤 것을 들 수 있겠는가?

03 당신은 그리스도인으로서, 자신의 삶에서 우연히 일어나는 듯한 일들을 어떻게 대해야 하겠는가?(잠 16:33)

6장

제3장 유대인 왕비가 구출에 나서다

이제 하나님께 속한 그 백성은 죽음의 위협 아래 놓여 있다. 그들은 피할 수 없을 듯이 보이는 학살에 직면해 있다. 그들의 원수인 권력자 하만은 마침내 자신의 계획이 실현될 때까지 시간이 지나가기만을 기다린다. 하지만 그 계획이 진행됨에 따라, 하나님은 자신의 백성을 적절한 때에 적절한 장소에 두신다는 점이 다시금 드러난다.

왕의 칙령으로 온 땅에 괴로움이 찾아오다(4:1-8상)

하룻밤 사이에 수도 수사에 위기 상황이 발생했다. 왕이 모든 유대인에게 사형을 선고했다는 소식이 퍼지면서 벌어진 대혼란을 누가 상상할 수 있겠는가? 이것은 그저 어느 한 사람에게 내려진 선고가 아니었다. 바사 제국 전역에 흩어진 유대 민족 전체가 그 대상이다. 임박한 이 공포를 무슨 말로 표현할 수 있겠는가? 유대인들이 이 소식을 듣고 애곡하게 된 것도 이상한 일이 아니다(1-3절). 이런 그들의 반응은 요나가 전한 파멸의 메시지를 듣고 니느웨 사람들이 보인 반응을 떠올리게 한다. 그들은 하나님이 자신들을 파멸에서 건져 주시기를 바라고 회개하면서 그분의 긍휼에 스스로를 내어 맡겼다(욘 3:5-9).

여기서 서술자는 모르드개의 반응에 주로 초점을 맞추지만, 제국 전역의 다른 유대인들 역시 이 참혹한 소식을 듣고 그와 비슷한 태도를 보였다. 우리는 이 임박한 위협의 소식이 온 백성 중에 퍼졌을 때, 거리마다 사람들이 모여 어떤 이야기를 주고받았을지 상상해 볼 수 있다. 유대인들의 옷차림도 바뀌었다. 이제 그들은 누구나 베옷을 입고 다녔으며, 역시 베옷을 입은 모르드개는 부적절한 옷차림을 했다는 이유로 대궐 문안에 들어가지도 못하게 되었다. 여기서 처음으로 유대인들이 다른 이들과 구별되는 특징이 나타난다. 이때 유대인들이 보여 준 외관상의 독특성은 남아프리카공화국에 거주하는 줄루 족의 문화적 관습에 비교될 수 있다. 줄루 족은 어린아이들의 얼굴에 면도칼로 자국을 새겼는데, 그 결과로 생겨난 흉터는 그 사람이 어떤 씨족과 혈통에 속했는지를 나타내 준다.

■ 합당한 애도

베옷을 입는 일은 닥쳐올 재난과 위협에 대한 슬픔을 드러내는 방편이었으며, 어떤 이의 죽음을 애도하거나 자신의 죄를 뉘우치고 애통하는 뜻을 나타내는 방편이기도 했다(욘 3:5을 보라). 그 옷은 입기에 불편했지만 누구나 구할 수 있는 것이었으며, 내적인 감정을 드러내는 수단으로 쓰였다. 반면에 현대인들은 대개 특정한 옷을 입기보다는 좀 더 직접적인 방식으로 자신의 감정을 드러내곤 한다. 한편 이에 관해 벌린은 이렇게 지적한다. "우리는 금식하고 베옷을 입는 일을 유대인들 특유의 종교적 관습으로 여기기보다, 고대 근동 지역에 널리 퍼져 있었던 애도의 방식으로 보는 편이 옳을 것이다."[48]

놀랍게도 왕후 에스더는 당시에 벌어지고 있던 일들을 제대로 알아차리지 못했던 듯하다. 그녀는 그 참담한 사건들에 관해 전혀 아는 바가 없었다(적어도 겉으로는 그렇게 보였다). 모르드개가 베옷을 입고 다닌다는 말을 듣고, 그녀는 서둘러 그에게 의복을 보낸다(4절).

그러나 그녀의 간청을 들은 모르드개가 그간 있었던 일을 알리면서, 에스더는 비로소 사태를 파악하게 된다(5절). 모르드개는 당시에 벌어지고 있던 참담한 일들을 그녀에게 낱낱이 전해 주었다(6-8절).

이때 그녀가 유대인임을 아는 이는 아무도 없었지만, 왕후 에스더는 이 소식을 듣고 큰 충격을 받았을 것이 분명하다. 비록 그녀

---

48 Berlin, *Esther*, 45.

자신은 바사 왕의 궁궐에서 호화로운 삶을 누리고 있었으나, 이제 온 유대인의 목숨이 위기에 처했다는 것을 알고는 깊은 혼란에 빠졌을 것이다. 더구나 그 유대인들 중에는 에스더 자신도 포함되어 있다. 만약에 그녀 자신은 궁궐 안에 있으므로 아무 염려 없다고 생각할 경우를 대비해서, 모르드개는 바로 이 점을 에스더에게 다시 일깨워 준다. 이제 에스더는 머지않아 두 세계, 곧 바사 제국과 그녀가 물려받은 유대 전통 사이의 충돌을 겪게 될 상황에 놓일 것이다.

모르드개가 에스더에게 왕의 자비에 호소할 것을 지시하다(4:8하-11)

닥쳐오는 재난을 감지한 모르드개는 에스더를 곤혹스러운 처지로 밀어붙인다. 그리고 에스더가 목숨을 걸고 동족을 구하는 일에 나서면서, 이 위기는 그녀의 성품에 변화를 일으키는 계기가 된다.[49] 곧 이야기가 진행되면서 에스더의 인격이 성장하고, 그녀는 여인임에도 불구하고 주도적인 인물이 된다(1:20). 그리하여 마침내는 자신의 남편인 왕이 할 일을 지시하는 데까지 이른다! 모르드개는 왕에게 자비를 구하도록 그녀를 강권한다(4:8하). 어쨌든 에스더는 왕의 궁궐에 거하고 있으며, 때로는 왕과 같은 침상에 들기도 하기 때문이다. 누군가 왕에게 직접 말을 건넬 이가 있다

---

49 에스더의 성품 변화를 좀 더 살피려면 Jobes, *Esther*, 139를 보라.

면 그것은 바로 에스더였다. 모르드개는 이것이 온 유대인의 생사가 걸린 문제임을 알았다. 그러므로 에스더는 왕 앞에 나아가 그녀 자신과 동족의 목숨을 구해 주시기를 간청해야만 했다. 그녀는 자신이 지닌 왕후의 신분과 특권을 활용해서 왕에게 나아가 동족인 유대인들의 목숨을 건져 내야 했던 것이다. 모르드개가 왕후인 에스더에게 기대한 일은 바로 이것이다. 과연 에스더는 그 기대에 부응할 수 있을까?

모르드개의 요청은 새로운 위기를 불러왔다. 에스더는 왕후임에도 불구하고 왕의 면전에 자유롭게 나아갈 권한이 없었기 때문이다. 이 같은 제약이 있었던 이유는 왕을 암살자들에게서 보호하기 위해서였을 가능성이 크다.[50] 이 이야기에서도 아하수에로 왕은 이미 한 차례의 암살 음모에 직면했으나, 모르드개가 그 음모를 밝혀내고 저지했다. 내가 거주하는 남아프리카공화국에서도 우리 집 부근의 도시 외곽에서 한 정치인이 총에 맞아 숨진 일이 발생해서 온 나라가 충격에 휩싸였다. 이 사건은 사람들의 마음속에 공포를 불러일으켰고, 이에 따라 나라 전체가 피바람에 휩싸일 뻔했지만 다행히도 그 위기를 모면할 수 있었다. 하지만 슬프게도

---

[50] 루이스 베일스 패튼(Lewis Bayles Paton)은 아이러니하게도 아하수에로 왕이 암살에 의해 목숨을 잃었음을 언급한다(*The Book of Esther*, International Critical Commentary [Edinburgh: T&T Clark, 1908], 190). 또한 Kuhrt, *The Ancient Near East*, 671을 보라.

인류 역사 내내, 이 같은 사건이 전 세계에서 너무나 자주 되풀이되곤 한다.

에스더와 모르드개의 대화는 전달자들을 통해 진행된다. 모르드개는 에스더가 이 일에 나서 주기를 호소하고, 이에 에스더는 자신이 처한 새로운 곤경을 간략히 알린다. 왕후임에도 불구하고, 에스더는 왕이 그녀를 부를 때에만 왕을 알현할 수 있다. 에스더가 스스로 왕 앞에 나아가는 일은 허용되지 않았다(4:11). 더구나 에스더가 왕을 대면한 지도 한 달이나 지난 상태였으며, 왕이 다시금 그녀를 찾기까지 시간이 얼마나 걸릴지도 불확실했다. 하지만 에스더는 마냥 기다리고만 있을 수가 없었다. 지금은 모든 유대인의 생명이 위태로웠으며, 무엇보다도 중요한 것은 바로 시간이었다.

에스더가 왕의 부름도 없이 목숨을 걸고 그 앞에 나아가다(4:12-16)

이제 왕후 에스더의 목숨을 건져 줄 이는 아하수에로 왕뿐이다. 하지만 부름도 받지 않고 그의 면전에 나아갈 경우, 그녀는 바로 죽음을 맞게 될 수도 있다. 에스더는 자신이 유대인임을 아직 밝히지 않았지만 어떤 식으로든 죽음에 넘겨질 처지에 있었던 것이다. 이제 궁궐에 있는 에스더에게도 죽음은 피해 갈 수 없는 일로 보였으며, 그녀 앞에 놓인 것은 한 가지 선택뿐이었다. 둘 중 어떤 식으로 죽기를 택할 것인가? 이때 자신의 혈통에 관해 침묵하기보다는 동족을 위해 목숨을 바치는 편이 더 나은 선택이었을 것이다. 왕의 규정을 어기기로 결심한 그녀는 유명한 고백을 남긴다. "죽으면 죽으리이다"(4:16).

이때 처음으로 에스더가 주도권을 쥐고 행동하게 된다. 이전까지는 모르드개의 명령을 받들었지만, 여기서는 마침내 자신의 권위를 행사하는 것이다. 이는 그녀의 성격에 변화가 있었음을 보여 준다. 에스더는 왕을 알현하기 전에 모르드개에게 금식을 행할 것을 지시하는데, 이는 그 일에 하나님의 개입이 필요하다는 점을 암시한다. 아울러 에스더는 모르드개에게 그 불운한 유대인들을 모아서 다함께 사흘 동안 밤낮으로 기도할 것을 명한다(4:15-17). 이는 두 사람 사이에서 주도권이 바뀌기 시작했음을 보여 준다. 여기서 처음으로 모르드개가 에스더의 지시를 따르고 있다. 에스더의 인생에서 지금까지는 이와 반대로 일이 진행되어 왔었다.

우리는 수사에 거주하는 유대인들이 얼마나 간절한 마음으로 기도하고 금식했을지를 헤아려 볼 수 있다. 그들의 생명이 위험에 처해 있었기 때문이다. 그들은 절박한 심정으로 하나님께 구원을 간청한다. 그들에게 하나님의 도우심이 꼭 필요한 때가 있다면 바로 지금이다. 그래서 그들은 스스로 음식을 거부하고 금식(fast)에 들어간다(잔치[feast]를 여는 대신에). 이는 자신들을 위해 담대하게 왕 앞에 나아간 왕후 에스더가 그 일에 성공하게 해 주시기를 하나님께 간구하는 것이었다. 에스더 역시 금식하기로 약속한다. 아마도 에스더가 유대인임을 시녀들이 알게 된 것은 그녀들도 에스더와 함께 금식하게 된 바로 이때였을 것이다(4:16).

모르드개가 하나님은 그분의 목적을 이루실 것이라는 믿음을 밝히다 (4:14)

여기서 모르드개의 말(4:14)을 주의 깊게 들어보자. 모르드개는 극심한 절망에 빠져 있지 않았다. 물론 그는 자신의 생명이 경각에 달려 있음을 알고 있었지만, 그럼에도 여기서 그는 처음으로 하나님을 향한 깊은 신뢰를 드러낸다. 앞서 에스더가 유대 백성에게 기도를 요청한 일을 제외하면, 이제까지 이 이야기 속에서는 이런 믿음이 표현된 적이 없다. 모르드개의 이 말은, 그가 에스더나 왕에 대한 에스더의 호소를 믿은 것이 아니라(이런 요소들 역시 중요한 것이긴 하더라도) 하나님을 굳건히 신뢰하고 있음을 보여 주는 증거이다. 설령 에스더가 이 위기 상황에서 주도권을 쥐고 위험을 피할 길을 마련하는 데 실패한다 해도, 그것으로 희망이 전부 사라진다는 뜻은 아니다. 하나님이 함께하실 경우에는 그런 일은 있을 수 없기 때문이다. 하나님은 자신의 약속을 이루는 데 실패하시는 법이 없고, 자신의 백성을 저버리시는 일도 없다. 하나님은 그 백성이 선하거나 그분을 신실히 따르기 때문이 아니라(이 이야기에서 지금까지는 그런 모습을 찾아볼 수 없었다), 오직 그분 자신의 이름을 위해 그들을 위기에서 건져 주실 것이다. 그러므로 모르드개는 필요하다면 그 백성은 또 다른 탈출구를 얻게 될 것이라고 확신 있게 단언한다.

과연 에스더는 왕에게 호소하는 데 성공할까? 과연 아하수에로 왕은 그녀의 목숨을 살려 줄 뿐 아니라 그녀의 요청 역시 호의적으로 받아들일까? 과연

> 하나님은 자신의 약속을 이루는 데 실패하시는 법이 없고, 자신의 백성을 저버리시는 일도 없다. 하나님은 그 백성이 선하거나 그분을 신실히 따르기 때문이 아니라 오직 그분 자신의 이름을 위해 그들을 위기에서 건져 주실 것이다.

에스더는 하나님이 그분의 백성을 죽음과 파멸에서 건지시는 데 온전히 쓰임받도록, 적절한 때에 적절한 장소에 있는 것일까?

에스더가 죽음에서 건짐을 받다(5:1-8)

이제 에스더는 목숨을 걸고 왕궁 안뜰을 서성인다. 다른 유대인들과 달리, 그녀는 왕후의 예복을 입고 있다.[51] 아름다운 왕후의 모습을 언뜻 본 왕은 뜻밖에도 그녀가 자기 앞에 나아오는 것을 선선히 허락한다. 에스더가 죽음을 염려하지 않고 자기 앞에 나아와도 된다는 표시로, 왕은 자신의 금홀을 그녀에게 내민다(2절).

---

51 왕의 궁궐 내에서는 애도의 의복을 입는 것이 적절치 않았다(에 4:2).

하지만 이것은 첫 단계일 뿐이다. 이제 에스더는 첫 번째 장애물을 잘 극복했기에 잠시 생명의 안전을 누릴 수 있었다. 그러나 그녀를 비롯한 유대인들을 짓누르는 죽음의 위협은 여전했다. 다만 아직 그녀의 혈통이 노출되지 않았으므로, 궁궐에는 이 사실을 아는 다른 이가 없었다.

왕이 에스더의 청원을 들어주다(5:3)

과연 에스더는 왕의 면전에서 자신의 일을 잘 해낼 수 있을까? 이때 그녀의 가슴은 몹시 두근거렸을 것이다. 하지만 그녀에게는 계획이 있었다. 그리하여 왕 앞에 나아간 에스더는 다시금 왕의 호의를 얻는다. 분명히 모든 일이 그녀에게 이로운 쪽으로 흘러가고 있다. 어떤 이유에서인지 왕은 그녀의 소원을 묻기까지 하며, 그녀에게 나라의 절반까지라도 주겠다고 약속한다(5:3). 이는 왕의 무절제한 성격을 보여 주는 또 다른 사례이다.

이렇게 왕의 관심을 끄는 데 성공한 에스더는 흥분을 가라앉히고, 왕과 하만을 자신이 베푸는 연회에 초대한다(5:4). 다만 자신이 요청할 내용에 관해서는 왕이 계속 궁금증을 품도록 이야기하지 않고 남겨 둔다. 이 같은 초대는 교만한 하만에게도 만족스러운 것이었다. 이를 통해 왕에게 속한 특권이 그에게도 선사되었기 때문이다. 이 일은 하나님의 섭리를 통해 에스더에게 이로운 쪽으로 작용할 것이다.

에스더가 연회를 열다(5:4-8)

에스더가 유대인들의 생존 계획을 어느 정도까지 미리 준비해 두었는지는 확실히 알 수 없다. 다만 에스더가 나름대로의 계획을 품고 있었던 점은 왕이 자신의 요청을 호의적으로 받아 줄 것을 어느 정도 예상하고 있었음을 보여 준다. 왕의 이런 반응은 아마도 유대인들의 금식에 대한 응답으로 하나님이 그 일에 개입하신 결과일 수 있다. 이제 에스더는 제국 내에서 가장 큰 권력을 지닌 두 인물이 자기 앞에 모이게끔 자리를 만들었다(5절). 이 자리에서 그녀는 다음 단계의 전략적인 조치를 취하게 된다. 이 두 권력자는 그녀의 연회에서 함께 술을 마셨으며(6절), 이때 이들에게는 아무 근심도 없는 듯이 보였다. 여기서 에스더는 왕과 하만을 두 번째 연회에 초대함으로써 왕의 궁금증이 더 깊어지도록 시간을 벌었고(8절), 이는 다시금 하나님이 간섭하실 여지를 만들어 내는 일이었다. 에스더는 이 두 번째 연회에서 자신이 요청하려는 내용을 왕에게 밝히기로 약속한다.

에스더가 궁궐에 있게 된 것은 유대 백성을 건지시기 위한 하나님의 전략적인 조치였다. 하지만 여전히 에스더는 제국 전역에서 사형 선고를 받은 그 백성을 살려 줄 것을 왕에게 간청해야만 한다.

하나님께 대한 확신

모르드개는 하나님이 개입하셔서 그 위기를 막아 주실 것이라는 놀라운 확신을 보여 준다. 이처럼 우리도 그리스도를 신뢰해야 한다. 그리스도는 우리가 처한 환경과 사건들을 궁극적으로는 우리에게 유익한 쪽으로 이끌어 가시기 때문이다. 우리는 하나님이 행하실 일들을 결코 헤아릴 수 없지만, 그럼에도 하나님이 우리의 삶에 개입하셔서 자신의 목적을 이루어 가실 것임을 확신할 수 있다. 우리는 기도로 이 확신을 표현할 수 있다. 곧 하나님이 우리의 상황에 개입해 주시기를 구하고, 그런 다음에는 그 일이 마침내 이루어질 것임을 믿는 것이다. 우리의 기도는 하나님께 깊이 의존하는 태도를 드러내는 통로가 된다. 이는 특히 우리에게 상황에 대처하거나 변화를 이끌어 낼 힘이 전혀 없을 때 그러하다.

하늘과 땅의 어떤 권세도 하나님이 품으신 목적들을 좌절시킬 수 없다. 하나님은 어디에 있는 누구든지 그분의 목적을 이루는 일에 온전히 들어 쓰실 것이다. 하나님은 각 사람이 있어야 할 바로 그곳에 그들을 전략적으로 놓아두시며, 어떤 일도 우연히 벌어지는 것은 없다.

> 하늘과 땅의 어떤 권세도 하나님이 품으신 목적들을 좌절시킬 수 없다.

에스더는 동족을 구해 내기 위해 자신의 전부를 내려놓으려 했던 인물의 본보기이다. 에스더는 왕후의 신분임에도 불구하고 그렇게 희생하려 했다. 이같이 희생적인 성품은 예수님에게서 온전히 드러난다. 예수님 역시 인류를 파멸에서 구원하기 위해 자신이 지닌 하늘의 특권을 내려놓고 이 땅에 오셨기 때문이다. 이 세상을 죽음과 파멸의 형벌에서 구해 내기 위해 하나님이 세우신 계획은 바로 예수님을 보내셔서 그분의 죽음으로 우리를 구원하시는 것이었다(롬 6:23).

에스더 이야기는 그리스도인이라는 우리의 핵심 정체성을 공개적으로 밝히는 데 위험이 따름을 상기시켜 준다. 하지만 우리는 하나님께 속한 백성으로서 예수님께 충성을 바친다는 사실을 두려움 없이 밝혀야 한다. 설령 그 일이 대가로 우리의 목숨을 요구할지라도 그렇게 해야 한다. 우리는 자신의 백성을 보호해 주신다는 하나님의 약속을 확실히 믿는다(요 10:28).

| 읽 어 볼 글 들 |

◉ 에스더 4:1-5:8

| 생 각 해 볼 질 문 |

01 당신은 무엇을 통해, 하나님이 그분 자신의 영광과 당신의 유익을 위해 당신의 삶에 개입해 주시리라는 사실에 대한 절대적인 확신을 얻게 되는가?

_____
_____
_____

02 당신은 매일의 삶에서 어떤 형태로 죽음과 파멸의 위협에 직면하고 있는가? 그런 위협에서 어떻게 벗어나고자 하는가?

_____
_____
_____

03 위기의 때에 하나님의 도우심을 진지하게 구한다는 것을 표현하기 위해, 당신은 어떤 행동을 취할 것인가?

_____
_____
_____

7장

제4장 한 유대인이 원수에게 높임을 받다

　악은 승리하지 못한다. 하나님이 그 일을 결코 허용하시지 않기 때문이다. 하나님은 장차 악을 정복하실 것이며, 또 이미 그 일을 결정적으로 이루셨다. 이 네 번째 장에서 벌어지는 사건들은 바로 이 사실을 입증해 준다. 여기서는 새로 임명된 총리 하만이 권력을 남용하여 모든 유대인들에게 철회될 수 없는 사형 선고를 내리면서, 유대인 모르드개와 아각 사람 하만 사이의 극심한 불화가 그 절정에 이른다. 하만이 이런 일을 벌인 것은 모르드개를 향한 증오심 때문이었다. 하지만 모든 일이 그의 각본대로 진행되는 듯했던 바로 그때, 왕이 불면의 밤을 보내면서 모든 일이 역전되고 하만은 재앙과 파멸로 치닫게 된다. 그러고는 사건의 흐름이 전혀 예기치 못했던 방향으로 흘러가기 시작한다.

조언자들이 하만에게 대적을 처단할 것을 제안하다(5:9-14)

왕과 왕후와 함께 보낸 특별 연회에서 돌아오는 길에, 하만은 또다시 반항적인 모르드개의 모습을 대면하게 된다. 이 일은 다시금 그의 노여움을 북돋운다(5:9). 하지만 하만은 이제 자신의 학살 계획이 실행되는 것은 시간문제일 뿐임을 알고 있다. 곧 조만간 모르드개를 비롯한 모든 유대인이 멸절될 것이다. 그래서 그는 끈질기게 불복종하는 모르드개에게 분노를 퍼붓고 싶은 것을 꾹 참고 집으로 향한다. 서술자는 이 사건이 시작될 때 하만이 기쁘고 즐거운 상태에 있었다고 묘사하는데(5:9), 이는 이 사건이 끝날 때 그가 품게 될 기분과 뚜렷이 대조된다(6:12).

> **■ 여성 인물들**
>
> 고대와 현대의 여러 문화권에서 여성은 자주 남성보다 열등하고 덜 중요한 존재로 간주된다. 하지만 하나님은 주권적으로 여성들을 선택하셔서, 그들로 하여금 그분의 목적을 이루는 데 중요한 역할을 감당하게 하셨다. 그리고 하나님은 둘 다 그분의 형상으로 지음받기에 남성과 여성에게 동등한 지위를 부여하셨다(창 1:27을 보라). 다만 하나님이 정하신 뜻에 따라 결혼 관계 안에서 이 둘은 서로 구별되는 역할을 감당하게 된다(엡 5:22를 보라). 에스더 이야기에 등장하는 세 여성은 하나님이 자신의 영광을 위해 그분의 원대한 이야기를 진행시키는 데에 여성들을 들어 쓰셨으며 앞으로도 그리하실 것임을 보여 주는 탁월한 예가 된다.

하만이 자신의 조언자들 앞에서 으스대다(5:10-14)

여기서 하만이 자기 아내와 벗들과 함께 나누는 대화는 의미심장하다. 자신의 부유함과 권력을 과시하는 그의 모습은 1장에서 거대한 부와 권세를 뽐내던 왕의 모습을 떠올리게 한다. 서술자는 이 같은 둘 사이의 유사성을 보여 줌으로써, 하만의 은밀한 야심에 관한 통찰을 어느 정도 우리에게 전달하려 한다. (다만 이 두 사람의 자기 과시가 매우 다른 수준에서 이루어지긴 한다.) 이때 하만은 왕후의 초대를 받는 영광을 누렸지만(5:12), 그 연회가 자신을 파멸로 이끌어 가리라는 점은 미처 깨닫지 못했다.

여기서 하만의 아내 세레스가 그의 조언자가 된다는 점은 아이러니하다. 여기서 서술자가 우리로 하여금 한 여자가 자기 남편을 지배하는 이 사건을 1장에서 왕이 명령을 내린 후에 일어난 사건들과 대조해서 살피게 하려는 것인지는 분명하지 않다.

하지만 그 때문이 아니라면, 여기서 에스더서의 저자가 세레스의 이름을 굳이 언급한 이유가 어디에 있겠는가?[52] 하만의 아내와 벗들은 모르드개를 처형하라고, 그것도 빠르면 빠를수록 좋다고 그를 부추긴다. 이 지지자들은 분명히 그의 편에 서 있다. 하만과 마찬가지로, 그들 역시 모르드개를 격렬히 적대시한다. 그들은 교수대를 만들고 그 위에 모르드개를 매달아 공개적인 구경거리로

---

[52] 에스더 5:10과 5:14에서 서술자가 등장인물들의 이름을 언급하는 순서가 살짝 바뀐 것에 주의하라. (역주: 10절과는 달리, 14절에서는 하만의 아내 세레스가 그의 친구들보다 먼저 언급되고 있다.)

만들 계획을 꾸몄다. 어쨌든 모르드개는 감히 왕의 명령을 끈질기게 거역했던 자이기 때문이다(3:12). 이 일을 통해 하만의 으뜸 됨이 확증되고, 그가 증오했던 대적은 마침내 제거되고 말 것이다.

하만은 왕에게서 바사 제국의 모든 권세를 받았지만, 자신의 계획을 실행하기 위해서는 왕의 허락이 필요했다. 물론 그는 왕의 허락을 얻는 데 어려움이 있으리라고는 생각하지 않았다. 특히 유대인들을 죽이라는 칙령이 이미 공표된 상태였기 때문에 더욱 그러했다(3:13을 보라). 이제 그의 앞에 남은 문제는 오직 모르드개를 처단하는 일뿐이었다(5:13을 보라). 이 일이 마침내 해결되고 나면, 그는 자신의 막대한 재산에서 얻는 것보다도 더 큰 만족감을 얻게 될 것이다. 그리하여 그는 얼굴에 능글맞은 웃음을 띠고 교수대를 세우라는 명령을 내렸다(여기 언급된 교수대의 규모는 그것이 누구나 볼 수 있을 정도의 크기임을 나타내기 위해 다소 과장된 듯하다).

하만이 자신의 대적을 처단하기 위해 왕의 허락을 구하려 하다(5:14)

이제 하만은 자신의 계획을 승인받기 위해 왕을 알현하러 궁궐로 향한다. 하지만 궁궐에 도착하자마자, 그는 모르드개의 처형을 요청할 기회를 얻기도 전에 왕의 부름을 받고 왕이 요구하는 조언을 해 주게 된다. (이 일 역시 매우 아이러니하다. 조금 전에는 아내가 그에게 할 일을 일러 주었는데, 이제는 그가 왕에게 할 일을 일러 줄 처지에 놓인다!) 이 예기치 않은 부름으로 그는 왕에게 요청할 기회를 아예 놓치게 된다.

하만의 기대와는 달리 높임을 받는 이가 뒤바뀌다(6:1-12상)

서술자는 모르드개를 처단하려던 하만의 계획이 좌절된 일을 극적으로 묘사한다. 이제 이야기는 운명의 역전에 관한 것이 되었으며, 여기서 손해를 보는 쪽은 하만이다. 이 모든 일은 밤새 왕에게 일어난 일들을 통해 빚어지게 되었지만, 하만은 그 사실을 전혀 알지 못했다.

왕이 일시적인 불면증을 앓다(6:1-3)

전날 밤에 왕은 잠을 이루지 못했다(1절). 이때 에스더의 소원이 과연 무엇일지를 생각하느라 그랬는지, 혹은 어떤 다른 사안을 고민하느라 그랬는지는 사실 중요하지 않다. 여기서 서술자는 왕이 불면에 시달린 이유를 밝히지 않는 쪽을 택하고, 그로 인해 독자들이 헤아려 볼 공백이 하나 더 늘어난다.

무엇보다 놀라운 것은 왕이 잠시 불면에 시달리는 동안에 행한 일의 내용이다. 아하수에로 왕은 마냥 침상에 누워 잠을 청하려고 애쓰지 않고, 자신의 통치 내용이 담긴 역사서의 기록을 큰 소리로 낭독하라는 명령을 내린다(1절). 이것은 잠을 청하는 데에는 그리 적절치 않은 처방책으로 보일 수 있다. 하지만 그는 아마 그 내용을 들으면서 우쭐하고 의기양양한 기분을 느낄 수 있었을 것이며, 또 이 기록들은 그가 영예를 베풀어 줄 인물들을 추려 내는 데에도 유익했을 것이다.[53] 그런데 부끄럽게도, 왕은 얼마 전 암살 음모에서 자신의 생명을 구해 준 자가 있었음에도 자신이 그 고귀한 행동에 대해 어떤 보상도 하지 않았다는 사실을 발견하게 된다(2절). 커트에 따르면 "왕은 선물을 하사함으로써 자신의 호의를 표현했다. 사람들이 누리게 되는 모든 특권은 왕의 보좌에서 나오는 것이었다."[54]

바로 그 밤에 왕이 잠을 이루지 못할 가능성은 얼마나 되었을까? 또 그가 자신의 통치 연대기를 살피기로 마음먹을 가능성은 얼마나 되었을까? 그중에서도 모르드개가 자신의 목숨을 구해 준 이야기를 듣게 될 가능성은 얼마나 있었겠는가? 분명히 이것은 그저 우연의 일치로 여길 일이 아니다. 이때에는 마치 하나님이 새로운 변화의 장을 열어 가시는 듯하다. 결국 하나님이 역사의 주관자이시지 않은가?

---

53 Jobes, *Esther*, 152.
54 Kuhrt, *The Ancient Near East*, 688.

하만 자신이 영예를 얻게 될 것으로 오판하다(6:4-9)

이때 일어난 사건들 속에는 희극과 비극이 뒤섞여 있다. 자만심에 가득 찬 하만은 바사 제국 안에서 왕이 영예를 베풀어 줄 이는 자기뿐일 것이라고 지레 짐작한다. 왕이 다른 누군가를 높여 줄지도 모른다는 점에 대해서는 조금도 생각하지 못한 것이다. 그리하여 하만은 왕의 모든 질문에 자기 자신을 염두에 두고 주제넘게 대답하고, 그의 이런 대답은 기막힌 운명의 역전을 불러온다.

하만은 자신의 권력욕과 야심을 북돋아 줄 백성의 환호를 얻는 데 혈안이 되어 있었다. 그래서 그는 왕이 높여 줄 이에게 내릴 상의 내용을 지나치게 과장한다. 이때 하만은 왕에게 조언하는 가운데서 권력과 지위를 향한 자신의 끝없는 갈망을 무의식중에 드러내고 만다. 하만에 따르면, 왕은 문제의 인물에게 왕의 옷을 입혀 주고 왕이 타는 말을 타게 해 주어야 한다. 한 술 더 떠서 하만은 왕의 가장 존귀한 신하가 그이를 모시고 길거리를 행진해야 할 것이라고 조언한다. 여기서 하만은 사실상 **스스로 왕이 되려는** 열망을 드러내고 있다. 그가 품은 끈덕진 야망의 추잡한 모습이 여기서 그대로 노출된다. 이때 왕에게 속한 특권 가운데 그가 얻기를 구하지 않은 것은 왕후 에스더뿐이지만, 아이러니하게도 이 문제 역시 곧 수면 위로 드러나게 된다. 이 시점에서 하만은 자신의 제안이 가져올 역효과를 전혀 알아차리지 못한다.

이때 왕은 그의 대적인 모르드개에게 영예를 베풀 것을 선언하는데, 이는 하만이 기겁할 만한 일이었다. 모르드개는 하만이 처단하려고 계획을 세운 바로 그 인물이었기 때문이다. 이 얼마나 기이한 사태의 전환인가! 하만은 모르드개의 처형을 왕에게 요청하려고 궁궐에 왔는데, 오히려 자신이 조언한 결과로 자신이 받아 마땅하다고 여겼던 영예가 모르드개에게 돌아가게 된 것이다.

모르드개가 높임을 받고, 하만은 치욕을 당하다(6:10-12상)

왕은 하만에게 그의 원수인 모르드개를 수사의 거리로 모시고 다니면서 높여 줄 것을 명한다. 이때 하만은 이렇게 외쳐야 한다. "왕이 존귀하게 하시기를 원하시는 사람에게는 이같이 할 것이라"(11절). 이 일은 하만의 생애에서 가장 굴욕적인 사건임이 분명하다. 권한과 특권을 부여받은 총리임에도 불구하고, 그는 모르드개를 칭송하는 말을 널리 외치고 다녀야만 하는 처지에 놓인 것이다. 더욱 나쁜 일은 백성들이 모르드개를 영웅으로 숭상하고 있다는 점이다. 아이러니하게도 하만은 모르드개를 매달려고 세웠던 그 황량한 교수대를 배경으로 삼아, 모르드개의 입장을 공개적으로 지지해 주게 되었다.

왕은 자신의 목숨을 구한 모르드개에게 영예를 베풀어 준 일을 만족스럽게 여긴다. 왕은 그가 유대인임을 알고 있었지만(10절),

자신이 내린 칙령 때문에 그의 목숨이 위태롭게 된 것은 전혀 깨닫지 못했다.

> 여기서 서술자는 형세가 하만에게 불리한 쪽으로 바뀌었음을 미묘하게 암시한다. 그렇다면 누구도 예측할 수 없었던 이 사태의 역전을 이끌어 내신 분은 과연 누구일까?

한편 모르드개는 자신의 목숨이 여전히 위태로운 지경에 있음을 알고 있다. 그는 길거리에서 의기양양하게 행진하는 영예를 얻었지만, 만일 자신을 비롯한 유대 백성의 생명과 이 영예를 맞바꿀 수 있다면 기꺼이 그리했을 것이다. 이 행진이 끝난 뒤, 그는 대궐 문에 있는 자신의 자리로 복귀한다(12절).

이 시점에서 수사의 일부 시민들, 어쩌면 그중의 많은 이들은 하만이 모르드개를 죽일 계획을 세웠다는 소식을 이미 접한 상태였을 가능성이 크다. 특히 누구든지 볼 수 있게끔 교수대가 높이 세워져 있었기 때문에 더욱 그러하다. 하만은 이처럼 많은 이들 앞에서 모르드개를 드높이는 행진을 수행하면서 극도의 치욕을 느꼈을 것이다. 여기서 서술자는 형세가 하만에게 불리한 쪽으로 바뀌었음을 미묘하게 암시한다. 그렇다면 누구도 예측할 수 없었던 이 사태의 역전을 이끌어 내신 분은 과연 누구일까?

이윽고 서둘러 집에 돌아온 하만은 다시금 아내와 벗들의 지지를 얻기 원했지만, 뜻밖에도 전혀 다른 반응을 접하게 된다.

하만의 조언자들이 그의 몰락을 내다보다(6:12하 -14)

하만은 자신에게 임박한 파멸을 깨닫지 못했지만, 그의 아내와 벗들은 그의 계획이 성공하지 못할 것을 이미 알고 있었다. 여기서 서술자는 하만의 아내와 벗들이 하룻밤 사이에 그처럼 급격히 마음을 바꾼 이유를 알려 주지 않고, 독자들은 다시금 이 공백을 숙고하게 된다. 이때 하만의 가족들은 모르드개가 유대인임을 알고 있었지만, 그럼에도 하만이 그를 누를 수 없으리라는 것을 깨닫게 된 듯하다. 혹은 그들이 이길 수 없다고 여긴 대상은 바로 그가 섬기는 하나님이었을까? 그렇다면 이것은 모르드개의 하나님이 바사의 신들보다 우월함을 깨달은 그들의 항복 선언이었던 것일까? 잡스는 이렇게 언급한다.

> 다신론적인 문맥에서 읽을 때, 여기서 이 이야기는 유대인들의 하나님 여호와가 하만의 신들을 제압했음을 시사한다. 하지만 유일신론의 관점에서 살필 경우, 이 이야기는 신들 사이의 힘겨루기가 아닌, 참되고 유일하신 하나님의 강력한 말씀에 부합하는 결과로서 이 운명의 역전을 설명하는 것이 된다.[55]

이제껏 하만을 지지했던 그들은 오래전 하나님이 하만의 선조

---

55 Jobes, *Esther*, 159.

들에게 부과하신 운명을 알고 있었던 것일까? 그래서 그들은 자신들 또한 모르드개의 하나님이 내린 심판 아래 있음을 직감하게 된 것일까? 이 예기치

> 어떤 대적자도 하나님과 맞서 이기기를 기대할 수는 없다. 하나님은 자신의 백성들이 옳음을 입증하실 것이며, 악은 마침내 무너지고 말 것이다.

않은 사건의 흐름은 정말 하만이 막다른 골목에 몰렸음을 보여 주는 것일까?

여하튼 하만의 조언자들은 그가 지는 싸움을 하고 있음을 알아차렸다. 그들은 그의 패배가 조금씩 다가오고 있음을 간파했으며, 임박한 그의 몰락을 내다보았다. 결국 하만은 왕의 인장을 새긴 반지를 지니고서 전권을 휘두르는 위치에 있었음에도 불구하고, 그 공개 행렬을 인도해야만 하는 치욕스러운 처지로 내몰렸던 것이다. 이제는 균열이 드러나기 시작했으며, 그는 비참한 최후를 맞게 될 것으로 보였다. 이처럼 모르드개가 존귀하게 되었으니, 이제 어떻게 하만이 왕에게 그의 처형을 요청할 수 있겠는가? 이렇듯 사태가 얼마나 기이하게 역전되었는지 모른다.

우리 독자들은 여기서 벌어진 일들의 의미를 헤아릴 수 있다. 곧 어떤 대적자도 하나님과 맞서 이기기를 기대할 수는 없다는 것이다. 하나님은 우리의 일상적인 삶에서 그분의 목적을 이루시기 위해 그분의 섭리대로 일하고 계신다. 악은 결코 승리하지 못한

다. 하나님은 자신의 백성들이 옳음을 입증하실 것이며, 악은 마침내 무너지고 말 것이다.

궁극적인 승리

하나님이 완벽하게 지으신 세상에 처음 반역이 들어온 후, 하나님은 자신의 백성을 죄에서 건져 내고 그 치명적인 결과들을 역전시킬 것을 약속하셨다. 마침내 하나님은 예수님의 십자가 죽음을 통해 이 일을 온전히 이루셨다. 하나님의 아들이신 예수님이 십자가에서 자신의 생명을 버리심으로써, 죄에 매여 사형 선고 아래 놓여 있던 사람들을 구해 내신 것이다.

하나님은 자신의 백성을 버리지 않으시며, 궁극적으로 인간의 모든 역사를 주관하신다. 하지만 그렇다고 해서 사악한 자들이 우리 삶에 깊은 영향을 끼칠 악행을 저지르지 않는 것도, 하나님의 백성이 모든 재난에서 벗어나게 되는 것도 아니다. 그러나 깨어진 이 세상에서 나타나는 이 징후들이 곧바로 하나님의 무능력을 보여 주는 것 또한 아니다. 하나님은 우리 삶의 사소한 일들까지 들어 쓰셔서 운명의 역전을 일으키실 수 있다. 에스더서 이야기에서 왕이 잠을 이루지 못한 것은 하나님이 행하신 일이었다. 이 일은 자신의 백성을 구해 내기 위해 하나님이 세우신 계획의 필수적인 부분이었던 것이다.

나는 최근에 아내가 조카를 만나러 쇼핑몰에 갔을 때 있었던 사건을 기억한다. 원래 아내는 그 만남 이후 쇼핑을 즐기려 했지만, 조카에게 무언가를 갖다 주기 위해 집으로 다시 돌아

> 에스더서에서 나타나는 운명의 역전은 하나님이 궁극적으로 악을 뒤엎으실 것임을 미리 보여 준다. 그때에는 마침내 하나님의 백성이 옳았음이 입증되며, 하나님의 대적들은 영원히 멸망하게 될 것이다(계 20:7-10).

오게 되었다. 집에 온 아내는 집 안에서 자그마한 연기가 피어오르는 것을 발견했다. 앞서 집을 서둘러 나설 때, 아내는 가스레인지를 끄는 일을 무심코 잊었던 것이다. 그러니 아내가 계획을 바꾸지 않았더라면 우리 집은 잿더미가 되고 말았을 것이다! 이렇게 재난을 모면하게 된 일은 하나님이 은밀히 일하고 계심을 드러내는 증거일 수 있으며, 나는 이 경우에 분명히 그러했다고 믿는다.

하만은 악의 화신이며, 인격화된 악 그 자체이다. 우리는 하나님의 백성을 적대시하며 그 백성을 파멸시키기 위해서는 무슨 짓이라도 서슴지 않는 악한 자의 본보기 또는 전형으로 그를 바라보게 된다. 우리는 그 악한 자(사탄-역주)의 사악하고 치명적인 전략을 파악해야 한다. 그의 목표는 그리스도를 향한 우리의 신뢰를 무너뜨려 우리로 하여금 신앙을 포기하게 하려는 데 있다(요 10:10). 그러나 에스더서에서 나타나는 운명의 역전은 하나님이 궁극적으로 악을 뒤엎으실 것임을 미리 보여 준다. 그때에는 마침

내 하나님의 백성이 옳았음이 입증되며, 하나님의 대적들은 영원히 멸망하게 될 것이다(계 20:7-10).

심지어 하나님의 대적들조차도 자신들이 패배할 수밖에 없음을 알고 있다. 그들은 아무리 애를 써도 하나님을 앞지르거나 능가할 수 없다. 하나님은 먼 옛날에 감히 그분의 백성을 대적했던 아말렉 족속을 향해 그들이 멸절될 것을 선포하셨다. 아각 사람 하만은 자신이 그 심판을 역전시켜 하나님의 백성을 전부 없애 버릴 기회를 얻었다고 여겼지만, 그는 그저 자신에게 그럴 만한 힘이 없음을 깨달았을 뿐이다. 하나님의 대적들은 자신들의 패배가 불가피하다는 것과, 최후의 심판과 무서운 파멸이 자신들을 기다리고 있음을 안다. 그들이 이 심판을 피할 길은 단 하나뿐인데, 그것은 바로 자신들의 소속을 옮기는 것이다. 그들은 하나님과 그분의 백성에게 맞서는 대신, 그분께 속한 백성이 되어 다가올 진노를 피해야 한다(살전 5:9).

| 읽어 볼 글들 |

- 에스더 5:9-6:13
- 데살로니가후서 1:5-10
- 요한계시록 12:7-12

| 생각해 볼 질문 |

01 하나님은 당신의 삶을 어떻게 역전시켜 주셨는가? 당신이 살아가는 매일의 삶 속에서 그 변화가 어떻게 드러나고 있는가?

_____

_____

_____

02 당신의 일상적인 삶 속에 하나님이 개입하셔서 당신이 처한 환경과 주위 사람들을 변화시키시는 것을 체험한 적이 있다면 언제이가? 하나님이 가장 적절한 때에 당신의 삶 속에 개입해 주셨던 일을 떠올려 볼 수 있는가?

_____

_____

_____

03 결국에는 악한 자가 패배하고 멸망하게 되리라는 확신은 당신이 그리스도인으로서 매일을 살아가는 방식에 어떤 영향을 주는가?

_____

_____

_____

8장

제5장 유대인들의 원수가 최후를 맞다

정의는 승리한다. 어떤 이유에서든, 이 세상에서는 수많은 사람들이 정의의 심판을 비껴가는 것이 사실이다. 하지만 이런 흐름이 영원히 지속되는 것은 아니다. 하나님은 모든 일을 보고 계시며, 악행을 저지르는 자들을 언젠가 그분이 정하신 때에 심판하실 것이다. 이 진리는 부당한 대우를 견디는 이들에게 큰 위로를 준다. 이 다섯째 장에서 우리는 하만에게 하나님의 정의가 시행되는 것을 보게 된다.

> 하나님은 모든 일을 보고 계시며, 악행을 저지르는 자들을 언젠가 그분이 정하신 때에 심판하실 것이다.

왕후 에스더는 왕과 하만을 위해 특별 연회를 연다. 왕은 아름다운 왕후에게 원하는 것이 무엇인지 물었지만, 왕의 몸시 후한 제안에도 불구하고 에스더는 두 차례나 대답을 미루어 왔다. 드디어 자신의 소원을 밝히게 된 지금, 에스더는 그동안 잘 숨겨 온 비밀을 드러냄으로써 왕과 하만의 마음속에 충격과 두려움을 심어 주게 된다.

에스더가 왕에게 자신의 목숨을 구해 주기를 탄원하다(7:3-8)

지금까지 에스더는 여러 상황에서 왕에게 호의를 입어 왔으며, 이는 분명히 하나님이 행하신 일이었다. 하지만 이제 에스더는 자신의 목숨에 무서운 위협이 닥쳐왔음을 밝히면서 왕이 다시금 자신에게 호의를 베풀어 줄 것이라고 섣불리 낙관하지 않는다. 에스더는 왕 역시 이 죽음의 칙령에 관련되어 있다는 인상을 주지 않도록 조심스럽게 행동해야 했다. 자기도 모르는 사이에 하만에게 그 칙령을 내리도록 허락한 사람은 바로 아하수에로 왕이었던 것이다.

에스더가 자신이 유대인임을 밝히다(7:3-4)

이때까지 아하수에로 왕은 왕후의 목숨이 위협 아래 있음을 전혀 모르는 상태에 있었다. 그는 그 죽음의 형벌에 처할 백성이 어느 민족인지를 하만에게 물어보지도 않았기 때문이다(3:8을 보라). 설령 하만이 그 점을 밝혔더라도, 왕은 자기 왕후가 그 백성에 속한다는 사실을 여전히 모르고 있었을 것이다. 에스더의 설명에 따르면, 이처럼 긴박한 위기 상황만 아니었다면(7:4하) 그녀는 자신의 혈통에 관해 계속 침묵을 지켰을 것이기 때문이다(4:14을 보라).

그러나 이제 그 왕은 자신의 생명이 위험에 처해 있다는 에스더의 말을 듣고 충격을 받는다. 그리고 누가 감히 자기도 모르는 사이에 왕후의 목숨을 위협했는지 알아내려 한다. 이때 그는 머릿속으로 모르드개가 밝혀냈던 자신의 암살 음모를 떠올렸을지도 모른다. 이제는 또 다른 음모가 드러난 것이다. 이번에 그 음모의 대상은 그의 왕후인 에스더였으며, 이 음모는 그녀뿐 아니라 그녀가 속한 민족을 향한 것이기도 했다. 이것은 심각한 상황이었다. 만일 그 칙령이 이행될 경우, 규정에 따라 바사 제국 전역의 유대인들이 멸절되고 말 것이다. 그중에는 왕후 에스더뿐 아니라 그가 공개적으로 영예를 베풀었던 모르드개도 포함되어 있다. 한편 여기서 에스더는 그 죽음의 칙령에 기록된 표현을 써서(3:13을 보라) 자신이 처한 곤경을 남편인 왕에게 설명하고 있다(7:4상).

아하수에로 왕은 어떤 자가 감히 에스더가 속한 민족의 생존을 위협했다는 것에 대해 격노했다(7:5). 앞서 그는 두 번이나 그녀의 요청을 들어줄 것을 약속했지만, 이제는 풀기 어려운 문제에 직면한다. 이는 자신도 모르는 사이에 내린 그 칙령을 취소할 수 없기에, 에스더에게 준 약속을 지킬 수도 없는 형편에 놓였기 때문이다. 그러자 에스더는 하만이 바로 그 악당임을 능숙하게 폭로하며, 이 책의 이야기는 이 장면에서 절정에 이른다.

하만이 에스더에게 자기 목숨을 구해 줄 것을 간청하다(7:7-8상)

이에 아하수에로 왕은 평소의 성격대로 격노에 사로잡히고, 그 노여움을 가라앉히기 위해 연회석을 박차고 나간다. 이에 관해 마이클 폭스는 이렇게 지적한다.

> 여기서는 왕이 그렇게 행하는 이유가 언급되지 않는다. 하지만 우리는 그가 처한 곤경을 헤아려 볼 수 있다. 과연 그는 자신이 직접 승인한 계획에 대해 하만을 처벌할 수 있을까? 만일 그렇게 행한다면, 자기 자신도 그 실수에 연관되어 있음을 시인해야만 하지 않을까? 더구나 그가 내린 그 칙령은 변개가 불가능한 것이었다. 그렇다면 어떻게 그 칙령을 철회할 수 있겠는가?[56]

하만은 왕 앞에서는 자신의 운명이 이미 결정되었음을 직감했다. 이제 그에게 남은 길은 왕후의 자비에 기대는 것뿐이었다. 어쩌면 그는 왕후 에스더에게 간곡히 애걸함으로써 목숨을 부지할 수 있을지도 몰랐다. 물론 그는 자신의 애걸이 통하지 않으리라는

---

56 Michael V. Fox, *Character and Ideology in the Book of Esther* (Grand Rapids: Eerdmans, 1991), 86.

> 이제는 형세가 역전되었다. 하나님은 사건의 흐름을 이같이 조정하심으로써, 유대인들은 목숨을 건지고 한때 권력을 쥐었던 하만은 죽음을 맞도록 이끌어 가셨다.

점도 직감하고 있었을 것이다. 당시는 에스더가 그녀 자신과 동족들의 생명을 구하기 위해 왕 앞에서 그를 고발하는 상황이었기 때문이다. 그러므로 운명의 역전이 일어났다. 처음에는 왕후 에스더가 자신의 생명을 지키려고 분투했지만, 이제는 하만이 왕의 진노에서 벗어나려고 안간힘을 쓰고 있다.

그토록 유대인들을 증오하던 하만이 이제는 자신의 목숨을 건지기 위해, (바사의 왕후이긴 하지만) 유대인인 여인 앞에 엎드리게 된 것은 참으로 아이러니하다. 그리하여 이제는 형세가 역전될 뿐 아니라 한쪽으로 확고히 기울어졌다. 하나님은 사건의 흐름을 이같이 조정하심으로써, 유대인들은 목숨을 건지고 한때 권력을 쥐었던 하만은 죽음을 맞도록 이끌어 가셨다.

하만이 죽음의 공포에 사로잡히다(7:8하)

하만의 몰락은 신속히 찾아왔다. 지금까지 그는 총리라는 높은 지위에 머물면서 왕을 대신하여 칙령을 내리고 권력을 휘둘러 왔으나, 이제는 왕의 눈 밖에 나고 말았다.

> **왕의 궁정**
>
> 바사의 궁정은 수많은 사람들로 구성되었고, 그 중심에는 왕이 있었다. 왕은 궁궐에서 자기 어머니와 아내만을 마주하면서 조용히 생활했고, 명망이 높은 귀족들이 보낸 대리인만이 왕을 알현할 수 있었다. 이처럼 왕에 대한 접근이 제한된 것은 혹시 있을지 모를 암살 음모에서 왕을 보호하기 위함이었다. 왕의 궁정에서 총리는 가장 강력한 권한과 영향력을 지닌 인물이었다. 그는 왕을 직접 알현할 수 있었으며, 왕과 함께 제국을 통치하도록 허용되었다. 그는 왕의 신임을 누릴 뿐 아니라 가장 존중받는 조언자였다. 이 밖에는 바사의 궁정에 관해 알려진 것이 별로 없다.[57]

후원에서 돌아온 아하수에로 왕은 '때마침' 하만이 의심스러운 자세를 취한 모습을 발견한다. (물론 하만에게는 에스더를 해칠 의도가 없었을 것이다.) 이제 왕에게는 하만을 처단할 근거가 생겼다. 조금 전까지는 하만의 운명이 확실치 않았다 해도, 이제는 분명히 결정이 난 것이다.

왕이 하만을 죽음에 넘기다(7:9-10)

이제는 하만의 몰락이 분명해졌으며, 상황은 더욱 결정적으로 악화되어 갔다. 그가 모르드개를 매달기 위해 교수대를 세운 사실을 왕이 알게 되면서, 모르드개를 죽이려던 그 계획이 하만 자신에게 이루어지게 된다.

---

57 *Encyclopedia Iranica*, s.v. "Courts and Courtiers in the Median and Achaemenid period," 2016년 4월 19일 접속. http://www.iranicaonline.org/articles/courts-and-courtiers-i

> 그리하여 악당은 제거되었지만 유대인들은 여전히 죽음의 위협 아래 있다. 이 백성은 어떻게 목숨을 건질 수 있을까?

앞서 모르드개는 왕의 목숨을 구해 주었으며, 또 에스더의 변덕스러운 남편은 그녀의 생명을 한 차례 구해 준 바 있다. 이제 에스더는 왕에게 그녀 자신과 동족들의 생명을 보존해 줄 것을 간청한다. 왕은 이미 그녀의 요청을 들어주겠다고 약속한 바 있다.

아하수에로 왕은 사악한 하만을 곧바로 처형한다. 그 악당은 마땅한 벌을 받았으며, 아이러니하게도 자신이 직접 세운 교수대에 달려 죽는다. 이 이야기의 서두 부분에서 왕은 자신의 권위를 업신여긴 왕후 와스디에게 격분하면서 그녀를 폐위시킨 바 있다. 이제 그는 역시 격노를 품고 하만의 생명을 박탈한다. 이에 관해 커트는 이렇게 언급한다. "누군가가 반역을 하거나 배신을 하거나 부정한 일을 저지를 경우, 왕은 공개적으로 그에 대한 호의를 거두었다. 왕의 이런 조치는 그 죄를 범한 자가 걸쳤던 궁정의 장신구들을 박탈하는 일로써 표현되었다. … 아주 심각한 사안인 경우, 공개적이고 끔찍한 처형 또는 고문을 통해 천천히 진행되는 죽음의 형벌이 뒤따랐다."[58]

앞서 폐위된 왕후의 자리를 다른 이가 대신하게 되었듯이, 이제 총리의 자리도 공석이 되었다. 과연 그 자리에 오를 사람은 누

---

58 Kuhrt, *The Ancient Near East*, 689.

구일까? 하만은 그 지위를 빼앗겼을 뿐 아니라 악행을 범한 것이 드러나 처형되었다. 그리하여 악당은 제거되었지만 유대인들은 여전히 죽음의 위협 아래 있다. 이 백성은 어떻게 목숨을 건질 수 있을까?

하나님의 공의에 의존하라

에스더 이야기는 사악한 자들이 심판의 날에 하나님을 대면할 때 반드시 수치와 정죄를 당하게 될 것임을 확증해 준다. 그때 그들은 하나님의 강력하고 의로운 진노를 피해 어디로도 숨을 수 없을 것이다. 죽음 자체보다 더 끔찍한 것은 둘째 사망으로, 이는 하나님의 임재에서 영원히 추방되는 일을 가리킨다. 이를 통해 그들은 하나님의 은혜와 자비, 선하심으로부터 차단을 당하고, 이는 돌이킬 수 없다. 예수님이 재림하실 때, 그분의 대적은 마침내 피할 수 없는 파멸에 직면하게 될 것이다. 사탄은 그리스도의 십자가에서 공개적인 패배를 당했지만, 그의 궁극적인 최후는 아직 이르지 않았다(계 20:10). 그의 앞에는 최종적인 파멸이 기다리고 있다. 하만이 모든 사람의 눈앞에서 처형을 당했듯이, 마귀와 그의 앞잡이들 역시 영원한 정죄를 당하게 될 것이다!

이 세상에는 하만처럼 뼛속까지 사악한 자들이 많다. 그들의 그 사악함은 바로 하나님께 속한 이들에 대한 증오를 통해 드러난다.

그들은 그리스도인들을 향해, 가벼운 혐오감에서 살인적인 증오심에 이르기까지 다양한 정도의 반감을 표출하곤 한다. 하나님의 백성이 악의에 찬 자들에게서 늘 건짐을 받는 것은 아니다. 우리는 세상 사람들에게 미움받을 것을 각오해야 한다. 예수님의 반대자들이 예수님을 증오했듯이, 예수님께 속한 우리 역시 멸시와 핍박을 겪게 될 것이다. 하지만 이 세상에 악이 존재한다고 해서 하나님이 그 악한 세력에 맞설 힘이 없는 것은 아니다. 언젠가 하나님이 이루실 흠 없는 새 창조 세계에는 어떤 악도 남아 있지 않게 될 것이다(계 21:27). 하지만 그때가 오기까지 우리는 깨어지고 타락한 세상, 악과 그 비극적인 영향력에 물든 세상 속에서 살아간다.

| 읽 어 볼 글 들 |

- 에스더 7:1-10
- 마가복음 5:1-20
- 데살로니가후서 1:5-10
- 베드로후서 2:4-9

| 생 각 해 볼 질 문 |

01 당신의 삶에서 악한 일을 겪게 될 때, 사탄과 그를 따르는 모든 자들이 미래에 멸망하게 되리라는 사실을 아는 것은 당신에게 어떤 식으로 힘을 주는가?

---

02 당신은 나쁜 이들의 부당한 행동으로 자신의 권리를 빼앗기거나 침해당했다고 느낀 적이 있는가? 그럴 때 당신은 정의가 실현되리라는 희망을 어디에서 찾으려 하는가?

---

03 에스더 자신을 비롯해서 유대인들의 생명을 위협하는 악한 계획을 폭로하려는 에스더의 전략은, 전 세계적으로 핍박받는 그리스도인들을 위해 행동하도록 당신에게 어떤 식으로 도전을 주는가?

9장

제6장 왕의 칙령으로 유대인들이 구원을 받다

아하수에로 왕은 자기도 모르게, 철회될 수 없는 죽음의 칙령을 하만을 통해 내렸다. 이제 하만은 죽임을 당했지만 왕이 내린 그 칙령은 여전히 유효했다. 그러나 하나님은 그분의 섭리로써 두 명의 중요한 유대인을 궁궐에 두셨으며, 이를 통해 그 백성의 운명을 역전시켜 그들이 파멸에서 건짐을 받게 하신다.

왕의 궁궐에 있는 유대인들(8:1-8)

유대인들을 상대로 사악한 계획을 꾸민 하만을 처형한 그날, 왕은 그가 살아온 흔적들도 전부 없애 버린다. (여기서 서술자는 메시지를 뚜렷이 전달하기 위해, 마지막으로 한 번 더 하만을 유대인의 대적으로 언급한다[1절].) 이렇게 하만은 제거되었지만, 그가 주도한 위협은 여전히 효력을 지니고 있었다. 이는 메대와 바사의 법령은 결코 철회될 수 없다는 난감한 규정 때문이었다(3절). 한편 아이러니하게도 모르드개는 왕의 인장

> 하나님은 그분의 섭리로써 두 명의 중요한 유대인을 궁궐에 두셨으며, 이를 통해 그 백성의 운명을 역전시켜 그들이 파멸에서 건짐을 받게 하신다.

이 박힌 반지를 하사받는다(2절). 이는 그의 손에 제국의 모든 권세가 주어졌음을 나타내는 것이며, 그것은 바로 왕의 총애를 잃고 자리에서 쫓겨난 하만이 지녔던 그 권세였다. 모르드개 역시 왕의 총애를 얻게 된 것이다. 이후 우리는 모르드개가 왕에게 높임을 받는 모습을 다시금 접하게 된다(8:15). 아이러니하게도 아하수에로 왕은 하만이 누렸던 바로 그 지위를 모르드개에게 내려 준다.

지위를 잃은 하만의 재산은 몰수되었고, 왕은 그 재산을 모두 에스더에게 내려 주었다. 에스더는 다시 모르드개에게 그 막대한 재산을 넘겨준다(8:1-2). 모르드개는 왕이 내린 큰 영예를 입고 막대한 재산을 얻었지만, 유대인이었기에 여전히 생명의 위협 아래 있었다. 이 위기에 관해서는 아직도 해결책이 필요했다.

여기서 에스더는 그녀와 모르드개가 어떤 관계인지를 왕에게 알린다. 둘이 혈연관계임을 알게 된 왕이 얼마나 놀랐을지 상상해 보라! 그러나 에스더가 이 사실을 드러낸 것은, 그녀와 모르드개가 처한 위기 상황을 더 심각하게 만들 뿐이다(3, 6절).

에스더는 다시금 유대인들의 목숨을 건져 주기를 왕에게 간청한다. 그러나 아하수에로 왕에게는 그들을 구해 줄 힘이 '없었다'. (이처럼 그가 자신이 내린 명령에 갇힌 것은 이번이 처음이 아니다.) 그는 그 위협을 피하거나 역전시킬 다른 방법을 찾아내야만 했다. 여기서 그는 두 번째로 자신의 홀을 에스더에게 내밀어 준다(4절). 이를 통해 그녀 자신은 다시금 목숨을 건졌지만, 과연 그녀는 동족인 유대인들의 목숨을 건지는 데에도 성공하게 될까?

이제 에스더는 세 가지 전제를 달아 왕에게 호소하기 시작한다. 첫째로 그녀가 왕의 은혜를 입었다면, 둘째로 유대인들을 구해 주는 일이 옳다면, 셋째로 왕이 그 일을 좋게 여긴다면 자신의 청을 들어 달라는 것이다. 여기서 우리는 그저 이 세 가지 조건이 충족되었음을 그녀가 확신했으리라고 추정해 볼 뿐이다. 이때 에스더는 유대인들을 파멸에서 건져 낼 방법까지 왕에게 제시할 정도로 대담한 태도를 보인다. 그녀는 동족이자 하나님의 백성인 그들을 보호하는 데 앞장서는 모습으로 묘사되고 있다(5절). 에스더는 자신과 모르드개의 입장을 설명하며, 왕에게 이전의 칙령을 무효화하는 칙령을 내릴 것을 요청한다. 그리고 왕은 그녀의 청을 들어주게 된다(8:8). 이런 에스더의 모습을 볼 때, 에스더와 모르드개는 그들의 요청에 왕이 호의적으로 응답하리라고 믿었음을 알 수 있다. 그렇다면 그들의 이 행동은 하나님께 대한 신앙에서 나온 것이었을까? 우리는 그저 에스더가 유대인들의 생명을 지킬 방법을 깊이 고민했으리라고 추측해 볼 뿐이다.

또 다른 철회 불가능한 칙령이 내려지다(8:9-17)

여기서는 모르드개의 공식 호칭이 '유대인'임이 뚜렷이 드러난다. 그리고 왕과 왕후도 자신들의 공식 명칭으로 호칭된다(8:7). 유대인이라는 이유로 멸시를 받기는커녕, 모르드개는 이제 자신의 혈통을 영예의 표지로 삼는다. 그가 얻은 이 영예는 이 단락의 끝부분에서 왕이 그를 높여 줄 때 확증될 것이다(15절). 형세는 역전되고 유대인들을 구해 낼 계획은 마련되었으며, 이제는 그 일을 실행에 옮기는 것만 남았다.

모르드개가 이전의 것을 무효화하는 칙령을 내리다(8:9-11)

이제 방해자 하만이 사라진 상황에서, 그의 계획을 무산시킬 권한을 부여받은 모르드개는 단호히 행동에 나선다(10절). 왕은 그에게 이전의 것을 무효화하는 칙령을 내리도록 허락했으며(8절), 이 칙령 역시 철회할 수 없는 것으로서 제국 전역에 반포되었다. 다만 미묘한 변화가 있다면, 지금 내려진 칙령은 구체적으로 유대인들을 향해 공표되었다는 점이다(9절). 그들이 긴박한 위기 상황에 처했음을 생각할 때 이 일은 그리 놀라운 것이 아니다.

이 칙령이 작성된 날짜(9절)는 유대인들이 맞게 될 운명의 날이 그로부터 아홉 달 남았음을 보여 준다. 그러므로 유대인들에게는 자신들의 생존을 위협하는 첫 칙령에 대비하기에 충분한 시간이 주어진 것이다. 이 무효화하는 칙령을 통해, 유대인들은 함께 모일 권리(이는 적들의 습격에 대한 방어책을 의논하게끔 허용한 것이 분명하다)와 더불어 첫 칙령으로 그들의 대적자들이 받았던 것과 동일한 권리를 얻게 되었다(11절). 곧 유대인들이 공격을 당할 경우, 자신의 생명을 지키기 위해 곧바로 반격할 수 있도록 허용한 것이다. 이에 관해 벌린은 이렇게 언급한다. "이 두 번째 칙령은 유대인들에게 자기 방어를 허용하는 것이라기보다, 그들을 공격할 뜻을 품은 자들을 제지하는 역할을 했다."[59]

이 칙령 역시 아달월의 열사흗날에 효력을 나타내다(8:12-17)

첫 번째 칙령과 마찬가지로, 이를 무효화하는 칙령도 아달월의 열사흗날에 효력을 발휘하도록 정해진다(12절). 그리고 에스더와 함께 유대인들의 생명을 지켜 내는 데 성공했다는 증거로서, 모르드개는 왕이 베푼 영예를 누리면서 궁궐 문을 나서게 된다(15절).[60]

---

59 Berlin, *Esther*, 77.
60 이 일은 창세기 41:42에 언급된 요셉의 경험이나 다니엘서 5:29에 언급된 다니엘의 경험과 비슷하다.

이때 수도의 백성들은 첫 번째 칙령이 내려졌을 때와는 뚜렷이 대조되는 반응을 보인다. 이제는 슬픔이 기쁨으로 변화된 것이다(15-17절). 아직 축하하기에는 이르다 해도, 이처럼 급격히 바뀐 분위기는 유대인들의 승리가 기정사실임을 시사하는 듯하다. 이제 그들의 운명은 역전되고, 금식은 잔치로 바뀌게 되었다(잠 11:10).

여기서 서술자는 다른 민족에 속한 많은 이들이(전부는 아니더라도) 유대인들을 두려워하게 되었음을 보여 준다(17절). 놀랍게도 이는 과거에 하나님이 이스라엘 백성을 애굽의 속박에서 해방시키셨을 때 벌어진 것과 똑같은 일이었다. 이 두려움은 하나님께 속한 그 백성의 우월함이 확립되었음을 의미한다. 혹은 무대 뒤에 계시면서도 늘 그들과 함께하시면서 일을 행하시는 하나님의 우월하심이 마침내 인정된 것이었을까? 아울러 그들이 유대인들을 두려워한 것은 많은 이들이 유대인들의 하나님을 섬기게 되었음을 나타내는 표시였을까? 그러므로 룻이 나오미에게 한 말과 같은 상황이었던 것일까? "어머니의 백성이 나의 백성이 되고 어머니의 하나님이 나의 하나님이 되시리니"(룻 1:16).

벌린은 그때나 지금이나 유대교로 개종했다는 상징은 바로 할례에 있음을 일깨워 준다. 본문에서는 이 예식이 언급되지 않으므로, 당시 바사의 상황에서 대규모 개종이 일어났을 가능성은 희박

하다.[61] 사람들이 이렇듯 상당한 두려움을 품은 이유는 유대인들이 공격당한다면 강력히 반격할 것이라는 생각이 널리 퍼져 있었기 때문이라고 보는 편이 가장 적절할 듯싶다. 이는 당시 유대인들에게 제기된 도발이 그처럼 심각했기 때문이다. 그뿐 아니라 왕후 에스더와 높임을 받은 유대인 모르드개가 궁궐에 머물고 있다는 사실 역시, 그렇지 않았으면 대담히 유대인들을 공격했을 자들이 섣불리 행동에 나서지 못하도록 영향을 준 것이 분명하다. 하만이 죽음을 맞은 것 역시 그들의 의욕을 꺾어 놓았다. 다만 소수의 반항적인 무리들은 이길 가망이 없다 해도 여전히 싸움을 벌이려 들었을지 모른다. 그러나 이제 대적을 죽여도 된다고 허락을 받은 유대인들을 상대로 그런 싸움을 벌이는 것은 의미 없는 일임이 분명하다. 왕과 바사의 군대 역시 제국 내의 유대인 거주민들을 전혀 적대시하지 않았다.

유대인들의 승리(9:1-17)

이제 서술자는 유대인들의 파멸이 예정되었던 운명의 날이 이르렀지만 그 일이 실제로는 일어나지 않았음을 보여 준다(1절). 오히려 유대인들이 그들을 혐오하고 있던 자들보다 더 우세한 상황에 놓이게 되었다. 유대인의 대적들은 완고한 적개심을 품고 싸움

---

61 Berlin, *Esther*, 81.

을 준비했지만, 그 싸움은 그들 자신의 파멸로 끝나게 될 뿐이었다. 여기서 서술자는 "유다인이 도리어 자기들을 미워하는 자들을 제거하게" 되었다고 간결하게 언급한다(1절). 이 일은 이 역전의 이야기 속에서도 가장 큰 역전의 순간이다.

유대인들을 꺾을 수 없음이 드러나다(9:5)

제국 곳곳에서 우스울 정도로 일방적인 싸움이 벌어졌으며, 유대인들은 자신들을 헐뜯는 이들을 가차 없이 쳐부순다. 여기 언급된 살상 장면을 보면 마치 앙심을 품은 유대인들이 섬뜩한 보복을 가한 듯이 여길 수도 있지만, 실상은 그들 자신의 생명을 지키기 위해 행동했다고 보는 편이 더 적절하다. 그리고 이것은 왕의 칙령을 통해 인가된 일이었다. 유대인들이 먼저 싸움을 일으키지는 않았지만, 대적들이 공격해 올 경우에는 강력하게 응수했다. 이처럼 싸움에 뛰어들고 나면, 아무도 유대인들을 꺾을 수 없었다.

유대인의 대적들이 전멸하다(9:6-17)

싸움의 결과는 놀랄 만한 것이었다. 유대인의 대적들은 수도에서 완패를 당했다. 그중 오백 명이 죽임을 당했으며, 그 가운데는 하만의 열 아들도 포함되어 있었다(7-10절). 열 아들은 그 악한 자 하만이 그랬듯이 굴욕을 겪고 교수대에 달려 죽임을 당했다. 그리고 그 시체들은 감히 왕의 (무효화하는) 칙령에 맞서서 유대인들을 공격하는 자들이 어떤 일을 당하게 되는지를 일깨우기 위해 그 위에 전시되었다. 이 대결을 통해 하만의 악한 유산은 사실상 소멸되었고, 서술자가 그의 열 아들의 이름을 일일이 언급한 것은 그들이 전부 사망했음을 확증해 준다. 이 일은 감히 하나님과 그분의 백성에게 싸움을 거는 자가 어떻게 되는지를 생생히 보여 준다.

한편 유대인들은 그 대적들의 재산을 빼앗을 법적인 권리를 얻었음에도 불구하고, 그렇게 행하지 않는다. (이는 그들이 대적들에게 보복한 것이 아니라 그저 자신들을 방어했을 뿐임을 보여 준다.)

▎전리품

싸움에서 이긴 뒤에 약탈을 행하는 것은 고대 전쟁에서 흔한 관습이었다(출 3:22; 수 8:27; 11:14을 보라). 이긴 편은 무엇이든 닥치는 대로 빼앗아 가곤 했다. 이처럼 승리자들은 자신들의 영토를 넓히는 동시에 대적들의 소유물까지 얻을 수 있었으므로, 이 관습은 상대방을 반드시 꺾어야 한다는 자극제 역할을 했다. 아울러, 싸움에 진 편은 자신들의 소유물을 전부 내놓으면서 깊은 굴욕감을 느꼈을 것이다. 승리자들은 이렇게 약탈을 행함으로써, 이후에 자신들을 다시금 공격해 올지도 모르는 상대편의 힘을 효과적으로 무력화할 수 있었다.

이 일을 통해 마침내 사울과 아말렉 족속 사이에 있었던 옛 적대 관계가 판가름 나게 되었다(삼상 15장을 보라). 벌린은 이렇게 지적한다.

바사의 유대인들은 사울이 범했던 잘못을 '바로잡았다'. 사울은 아말렉 족속을 꺾은 뒤 전리품을 취했는데, 사실 이는 금지된 일이었다. 하지만 바사의 유대인들은 그렇게 행할 권리가 있었음에도 불구하고 대적들에게서 전리품을 취하지 않았다. 모르드개와 하만의 갈등을 사울과 아각이 벌인 다툼의 연장으로 볼 때, 이같이 전리품에 관련된 상황이 역전된 것은 곧 사울의 가문이 범했던 죄를 깨끗이 씻는 일이었다. 그러므로 이제는 사울의 후손들이 아각의 가문을 누르고 온전한 승리를 거두지 못하게 할 장애물이 남아 있지 않았다. 이 승리는 모르드개가 하만을 꺾고, 유대인들이 하만의 영향을 받은 그 대적들을 꺾음으로써 실제로 이루어졌다.[62]

이제 왕은 에스더에게 또 다른 소원이 있는지 묻는다(12절). 이에 에스더는 유대인들이 그다음 날도 싸움을 벌이도록 허락해 주기를 요청하고, 이를 통해 더 많은 사상자가 생겨나게 된다. 그녀의 이 같은 요청은 과거에 하나님이 아말렉 족속에게 내리셨던 심판의 말씀을 배경으로 삼아 이해해야 한다(출 17:14을 보라). 이 둘째 날에는 수사에 있는 유대인의 대적들이 전부 제거되었으며, 이 결정적인 승리는 하나님이 자신의 말씀을 지키신다는 것을 확증해 주는 것이었다. 아울러 제국 전역에 걸친 대규모의 살상(에

---

62 Ibid., 85.

> 이 결정적인 승리는 하나님이 자신의 말씀을 지키신다는 것을 확증해 주는 것이었다.

9:16) 역시 이런 견지에서 바라볼 필요가 있다. 이제 대적을 물리친 유대인들은 쉼을 누리면서 승리를 경축한다.[63]

유대인들이 승리를 경축하다(9:18-10:3)

이와 같은 승리는 금방 잊히고 마는 것이 되어서는 안 되었다. 그들은 하나님이 행하신 일들을 기리면서 그 승리를 늘 경축해야만 했다. 따라서 모르드개는 매년 이 절기를 기념하고 경축하라는 지시를 내린다(9:20-22). 이 절기는 금식이 아니라 잔치의 때, 슬픔이 아니라 기쁨과 즐거움의 때가 되어야 했다. 이때의 예식 가운데는 서로 선물을 주고받는 일도 포함되었다. 이는 하나님이 유대인들에게 호의를 베푸셔서 그들을 구해 주신 일을 풍성하게 표현하는 일들이다.[64] 폭스에 따르면, 이 선물을 주고받는 일에는 "어려운 이들의 필요를 관대하게 채워 주는 것 이상의 의미가 있다. 이는 곧 누구나 초청받을 수 있는 공동체의 잔치가 열렸음을 상징

---

63 여호수아 11:23은 하나님이 대적들을 정복한 이스라엘 백성에게 안식을 주셨음을 언급한다.
64 우리가 성탄절에 선물을 주고받는 일 역시 하나님이 베푸신 구원을 기념하는 데 목적이 있다. 하지만 안타깝게도 우리 사회는 이 관행을 극도로 상업화시켜 버렸다. 그 결과로 사람들은 하나님이 예수님을 통해 베풀어 주신 은혜를 소홀히 여기고, 성탄절 선물에만 관심을 쏟게 되었나.

하는 것이다."[65] 이것은 하늘에서 열리게 될 큰 잔치를 미리 보여 주는 것임이 분명하다(계 19:9을 보라).

이 절기는 그들이 구원받았음을 일깨운다(9:23-26)

유대인들은 하나님이 자신들을 구해 주신 일을 잊지 말아야 한다. 이 절기가 제정된 이유는 바로 거기에 있다. 유대인들은 구원받은 일을 기념하여 그 절기를 영구히 지키기로 기꺼이 동의한다. 그런 다음에 서술자는 하만이 유대인들에게 가했던 위협에 초점을 두면서 지금까지의 일들을 요약적으로 제시한다(9:24-25).

'부림'이라는 이름에서 절기의 명칭이 유래하다(9:24-28)

'부림'은 제비뽑기를 뜻한다. 앞서 하만은 이방 신들과 미신에 의존해서 유대인들을 멸절할 날짜를 정했다. 그러나 유대인들에게 이제 '부림'은 참되고 살아 계신 하나님이 그 멸절의 위협을 물리쳐 주신 일을 상기시키는 단어가 되었다. 그들은 우연히 그 위협에서 벗어난 것이 아니라, 하나님의 손으로 건짐을 받았다. 유대인들은 이 점을 결코 잊지 말아야 했다. 유대인들은 하나님이 그들을 멸절당할 위기에서 건져 주신 일을 기념할 준비가 되어 있었다. 이는 하나님이 그들을 애굽의 속박에서 구해 주신 일을 기

---

65 Fox, *Character and Ideology*, 118.

억하기 위해 그들의 선조들이 유월절을 지킨 것과 마찬가지다.

왕의 칙령으로 절기가 공인되다(9:29-10:3)

마침내 왕후인 에스더가 최종 결정을 내린다. 그녀는 편지를 써서 이 부림절을 지키라는 명령을 확증했으며, 모르드개는 자신의 직권으로 이 편지를 제국 전역에 발송한다. 이 일은 부림절이 모든 유대인을 위한 절기로 공인되는 데 기여한다.

간결하게 기록된 마지막 장은 부림절 이후에 벌어진 일들을 요약하는 맺음말 역할을 한다.[66] 왕이 호화로운 잔치를 벌이면서 시작되었던 이 이야기는 이제 그가 조공을 받는 것으로 끝맺는데 이 일은 그의 주권적인 권리에 속한 것이다. 이는 왕의 강한 세력을 보여 주는 동시에 그의 부유함이 어디에서 기인했는지도 알려 준다. 왕들의 연대기에는 아하수에로 왕뿐 아니라 모르드개가 누린 권세도 기록되었다(에스더는 언급되지 않는다). 여기서 모르드개는 유대인들을 돌본 공적을 인정받는데, 이는 유대 백성을 파멸에서 건져 줄 것을 왕에게 호소하도록 에스더를 이끈 일을 가리키는 것이 분명하다. 그리하여 유대인들은 멸절당할 위기에서 건짐을 받았

---

[66] 벌린은 이 맺음말을 저자가 이야기를 마무리하기 위해 지어낸 문학적 장치로 본다. "[저자는] 이 장치를 써서 이야기의 느슨한 결말을 매듭짓는 동시에 이 이야기가 확실한 근거를 지닐 뿐 아니라 독자에게도 매우 중요한 의미를 지닌 것임을 밝히고 있다."(*Esther*, 94)

으며, 본문에서 하나님의 이름이 언급되지는 않지만 이는 분명히 하나님이 행하신 일이었다.

유대인 모르드개는 하나님께 속한 그 백성을 죽음과 멸망에서 건져 낸 일을 통해 바사 제국 전역에서 명성을 얻게 되었다(10:3). 에스더는 유대 백성을 위해 자신의 목숨을 희생할 각오를 보여 주었을 뿐이지만, 예수 그리스도는 **실제로** 십자가에 달려 죽음으로써 생명을 희생하셨다. 이는 죄의 궁극적인 대가를 치름으로 그분을 믿는 모든 이들을 죽음과 멸망에서 건져 내시기 위함이다.

죽음에서 건짐을 받다

하나님은 모든 대적을 물리치실 것이다. 유대인들의 대적인 하만의 몰락은 신속히 이루어졌다. 그는 자신의 집 옆에 있던 교수대에 달리게 되었으며, 그의 아들 열 명도 이와 똑같이 비참한 결말을 맞았다. 광대한 제국 전역에서 벌어진 싸움에서 많은 유대인의 대적들이 죽임을 당했지만, 유대인들의 경우에는 어떤 인명 손실도 언급되지 않는다. 하나님께 속한 백성은 확고한 승리를 거둔 동시에 그들의 모든 대적은 결정적인 패배를 당했다. 이 일은 하나님과 그분께 속한 백성을 대적하는 자들은 반드시 패배할 것임을 생생히 일깨워 준다. 이 싸움의 승리자는 오직 한 분뿐이다. 곧 마지막에는 하나님만이 홀로 승리를 거두실 것이다.

> 예수님은 자신이 우리를 위해 이루신 구원을 기억하는 데 도움이 되도록 성찬을 제정해 주셨다(고전 11:25).

그뿐만 아니라 에스더서 이야기는 우리 삶의 운명이 어떤 쪽으로든 역전될 수 있음을 일깨워 준다. 예수님이 십자가에서 우리를 위해 행하신 일도 바로 그것이다. 그때 예수님이 자신의 생명을 죄의 속전으로 치르심으로써, 우리의 운명이 사망과 심판에서 생명으로 역전될 수 있게 하셨다. 그리스도는 우리를 죄의 결과에서 건져 내고 하나님의 정죄에서 해방시키기 위해 죽으셨다. 하나님이 세우신 왕인 그분만이 사망의 칙령을 무효화하고 우리에게 생명을 주는 칙령을 내리실 수 있다.

유대인들은 하나님이 그들을 죽음과 멸망에서 건져 주신 일을 늘 기억해 왔다. 그런데 우리 그리스도인에게는 기념해야 할 또 다른 절기가 있다. 우리는 하나님이 예수님의 십자가 죽으심으로 자신의 백성을 위해 이루신 더 큰 구원을 경축한다. 예수님은 자신이 다시 임할 때까지 인류 역사의 중심에 놓인 이 사건을 늘 기념할 것을 명령하셨으며, 그분이 우리를 위해 이루신 구원을 기억하는 데 도움이 되도록 성찬을 제정해 주셨다(고전 11:25).

| 읽 어 볼 글 들 |

- 에스더 8:1-10:3
- 로마서 6:23
- 고린도전서 11:17-26
- 데살로니가후서 1:5-10
- 요한계시록 21:1-5

| 생 각 해 볼 질 문 |

01 지금까지 하나님은 어떤 식으로 당신이 겪는 절망과 시련 속에 찾아오셔서 소망을 주시고, 당신의 슬픔을 기쁨으로 변화시켜 주셨는가?(마 5:11-12; 행 13:48; 벧전 2:10; 계 19:7)

_____

_____

02 그리스도를 통해 이루어진 심오한 역전의 이야기가 당신의 삶에서는 어떻게 드러나고 있는가?(롬 5:6-8)

_____

_____

03 하나님이 행하신 구원의 일을 마음속 깊이 기억하기 위해, 그리스도인으로서 당신은 어떤 행동들을 취할 수 있는가?

_____

_____

10장

결론

오늘날 많은 이들이 하나님이 존재하심을 입증해 보이라고 요구한다. 하지만 성경은 그저 하나님이 살아 계심을 전제로 삼을 뿐이다(창 1:1). 하나님이 눈에 보이지 않으며 하나님이 존재하신다는 명백한 증거도 없을 때, 또 사람들이 하나님에 관해 이야기하거나 그 이름을 언급하는 일이 없을 때, 하나님은 종종 존재하지 않는 것처럼 간주된다. 에스더서 이야기에서도 이런 태도를 취하는 듯이 보일 수 있다. 이 이야기에서는 하나님의 이름을 한 번도 언급하지 않으며, 심지어는 어렴풋이 암시하지도 않는다. 하지만 배리 웹(Barry Webb)에 따르면, "하나님은 가장 멀리 계실 때조차도 이곳에 함께하신다."[67] 에스더 이야기에서 하나님이 행하시

---

67 Barry Webb, *Five Festal Garments: Christian Reflections on The Song*

는 역할의 독특성은 곧 그분이 평범하고 일상적인 삶의 모습들 속에서 역사하신다는 데 있다. 하나님은 일상적인 삶의 예기치 않은 사건과 상황들을 활용해서 그분의 목적을 이루어 가시며, 때로 그 속에는 사람들의 불가해한 반응과 결정들까지도 포함된다.

눈에 보이지 않지만 심오하게 임재하시는 하나님

하나님이 자신의 백성과 함께하시는 모습은 성경 전체에 걸쳐 뚜렷이 드러난다. 창세기에서 하나님은 바람이 불 때 아담과 하와가 있는 동산을 거니신다(창 3:8). 이어지는 출애굽기에서 하나님의 임재는 그분이 행하신 구원 사역과 자신의 백성에게 주신 말씀(그 가운데는 사람의 귀로 들을 수 있었던 말씀도 있다)을 통해 드러난다. 무엇보다도 이때 하나님은 밤의 불기둥과 낮의 구름기둥을 통해 자신의 임재를 뚜렷이 나타내 보이셨다. 하지만 그들의 반역에 대한 하나님의 심판으로 약속의 땅에서 추방된 후, 유대 백성은 하나님이 함께하시지 않는 듯한 모습으로 인해 근심하게 되었다. 과연 하나님은 약속의 땅에만 임재하시는가? 이 암묵적인 질문은 에스더서의 이야기가 지닌 독특성 중 하나이다. 당시에 포로로 끌려갔었던 일부 유대인들은 고국으로 돌아가지 않고 이방 왕의 통

---

of Songs, Ruth, Lamentations, Ecclesiastes and Esther, New Studies in Biblical Theology (Downers Grove, IL: InterVarsity, 2000), 124.

치 아래 남아 있었기 때문이다. (이 이야기의 경우에는 바사였다.) 과연 그들은 약속의 땅 밖에서도 하나님이 함께하시며 자신들을 지켜 주신다는 것을 확신할 수 있을까? 이 귀환하지 않은 유대인들에게, 에스더서의 이야기는 그들이 이방 왕의 통치 아래 낯선 땅에서 살아가는 동안에도 하나님이 그들 가운데서 역사하신다는 확신을 다시금 심어 주었다. 또한 그 이야기는 마침내 영광의 날이 이르러 그들이 하나님의 영원한 임재 속에 거하게 되기까지 하나님은 자신의 백성이 어디에 있든지 그들과 늘 함께해 주신다는 믿음을 독자들에게 심어 준다.

> 에스더서 이야기는 하나님이 은밀히 임재하심을 보여 주는 증거들로 가득 차 있다. 하나님이 일하신 흔적이 사방에 있다.

비록 에스더서 이야기 속에 하나님이 임재해 계시지 않는 듯이 보일지라도, 서술자는 이 이야기를 통해 하나님이 자신의 창조 세계 속에서 역사하시는 방식을 드러내고 있다.

하나님의 섭리

에스더서 이야기는 하나님이 은밀히 임재하심을 보여 주는 증거들로 가득 차 있다. 하나님이 일하신 흔적이 사방에 있다. 삶에 우연은 없으며, 우리가 우연한 일로 간주했던 바로 그 사건들을 통해 하나님이 그분의 창조 세계 속에서 일하고 계심이 드러난다.

이 이야기의 거의 모든 장면 속에 놀랄 만한 사태의 전개나 반전이 담겨 있다. 이를 통해 하나님은 자신의 영광과 그분께 속한 백성의 유익을 위해 여러 사건과 인물들을 주관해 나가신다. 잠언의 슬기로운 교사는 이렇게 일깨워 준다. "제비는 사람이 뽑으나 모든 일을 작정하기는 여호와께 있느니라"(잠 16:33). 하나님의 이 섭리적인 다스림은 '부르'에 의해 결정된 파멸의 칙령 가운데서도 뚜렷이 드러난다. 하나님은 그분의 백성을 보존하기 위해 그분의 자비로써 이 칙령을 무력하게 만드셨다.

하나님은 또한 이 세상 나라의 강력한 지배자들이 통치하게 될 방식도 결정하신다. "왕의 마음이 여호와의 손에 있음이 마치 봇물과 같아서 그가 임의로 인도하시느니라"(잠 21:1). 설령 하나님의 인재를 우리가 감지할 수 없을지라도, 이처럼 하나님이 온 세상을 주권적으로 이끌어 가고 계신다는 사실은 그리스도인들에게 놀라운 소망을 준다. 이에 관해서는 브루스 밀른(Bruce Milne)의 설명이 유익하다.

> 하나님의 섭리는 그분이 품은 목적이 궁극적으로 반드시 승리할 것임을 뜻한다. 하나님을 적대하는 모든 세력, 곧 죄와 악, 부패와 불의, 탐욕과 착취 등은 그분의 섭리적인 다스림에 의해 통제된다. 지금은 그런 일들이 아무리 거대하고 강력하게 보여도, 그

일들은 일시적으로만 중요했던 것이라는 사실이 결국에는 드러날 것이다.[68]

> 하나님은 지금도 이 세상과 우리의 삶 속에서 그분의 섭리를 따라 역사하고 계신다. 하나님이 품으신 계획들은 그분의 온전한 때에 모두 열매를 맺게 될 것이다(갈 4:4).

이 진리는 그리스도인의 삶을 변화시킨다. 우리는 결코 좌절하거나 희망을 포기할 필요가 없다. 하나님은 지금도 이 세상과 우리의 삶 속에서 그분의 섭리를 따라 역사하고 계신다. 하나님이 품으신 계획들은 그분의 온전한 때에 모두 열매를 맺게 될 것이다(갈 4:4).

하나님의 승리

하나님은 궁극적인 승리자이시다. 이 진리는 성경의 마지막 책인 요한계시록에서 생생히 묘사된다. 아무리 원수들이 하나님과 그분의 백성을 대적할지라도, 하나님은 승리자이시다. 마침내는 하나님이 이기신다(계 17:14). 에스더 이야기에서 하나님의 백성은 이 같은 승리의 기쁨을 맛본다. 에스더서에서는 유대인들을 제거하려는 악한 계획이 묘사되지만, 승리자이신 하나님은 결코 그 일을 허용하지 않으신다. 하나님은 자신의 백성을 대적하는 악한 위

---

68 Bruce Milne, *Know the Truth* (Downers Grove, IL: InterVarsity, 1982), 88.

> 우리는 오직 주님만을 신뢰해야 한다. 주님이 우리의 원수들을 물리쳐 주셨기 때문이다.

협을 제압하고, 그들의 삶을 영속적으로 보존해 주신다. 하나님은 유대인들에 대한 학살의 위협을 무효화하신다. 하나님은 그 백성이 자신들을 대적하는 자들보다 우위에 서게 하시며, 유대인들에게 맞섰던 하만을 비롯해서 그와 결탁한 세력들이 가한 위협을 무너뜨리신다.

하나님께는 죄에 대한 승리가 보장되어 있으며, 이 승리는 그리스도의 십자가 죽으심을 통해 확보되었다. 그리스도는 십자가에서 원수를 누르고 승리하셨다(골 2:15). 또한 이 승리는 그리스도 편에 서는 모든 이들에게도 보장되어 있다.

이 진리 역시 그리스도인들의 삶을 변화시킨다. 이 진리는 만일 우리가 하나님의 편에 서 있다면 반드시 이기게 될 것이라는 확신을 주기 때문이다. 어떤 대적도 주님을 누르고 승리할 수 없다. 주님은 십자가에서 우리의 죗값을 치르고 마귀를 패배시키셨으며, 자신의 부활로써 사망 권세를 물리치셨다. 우리는 오직 주님만을 신뢰해야 한다. 주님이 우리의 원수들을 물리쳐 주셨기 때문이다.

하나님의 약속

하나님은 장차 하와를 통해 태어날 후손이 사탄을 패배시킬 것을 아담에게 약속하셨다. 사탄은 곧 아담과 하와를 속이고, 이를 통해 온 인류를 타락시킨 그 악한 자다. 하나님의 이 약속은 아담의 후손이신 예수님을 통해 성취되었다. 예수님이 태어나시기 전, 하늘에서 임한 천사는 마리아에게 선포했다. "아들을 낳으리니 이름을 예수라 하라 이는 그가 자기 백성을 그들의 죄에서 구원할 자이심이라 하니라"(마 1:21).

이후 하나님은 유대 민족의 선조인 아브라함에게 복을 내리시고, 많은 후손과 더불어 약속의 땅을 주실 것을 약속하셨다(창 12:2-3). 그러나 에스더서 이야기에서 그의 후손인 유대인들 일부는 더 이상 그 약속의 땅에 머물지 않고 있었다. 하나님이 내리신 의로운 심판의 결과로, 그들은 약속의 땅을 떠나 이방 곳곳에 흩어져 살게 되었다. 이처럼 더는 고국에 있지 않을지라도 그들은 여전히 하나님께 속한 백성이었으며, 하나님은 그들을 통해 자신의 목적을 계속 이루어 가려 하신다. 그들이 멸절당할 위험에 처했을 때, 하나님이 아브라함에게 주신 약속도 위험에 처하게 되었다. 이는 하나님이 아브라함의 혈통을 통해 이 세상을 죄와 멸망의 속박에서 해방시킬 후손을 보내 주실 것을 약속하셨기 때문이다. 만일 모든 유대인이 멸절된다면, 인류를 죄에서 건질 구원자를 보내 주신다는 그분의 약속도 위기에 놓이게 된다.

또 이후에 하나님은 다윗 왕에게 그의 후손이 영원히 왕좌에 앉게 될 것을 약속하셨다(삼하 7:16). 그러나 이 약속이 위대로운 시경에 처한 것처럼 보일 때가 있었다. 이는 그 백성이 약속의 땅에서 추방되었기 때문에 이스라엘에 왕이 존재할 수 없었던 시기였다. 하지만 늘 자신의 말씀을 충실히 지키시는 하나님은 그 약속대로 이행하셨으며, 그리하여 왕이신 예수님이 다윗의 후손으로 태어나셨다(눅 1:32-33).

이 진리 역시 그리스도인의 삶을 변화시킨다. 지금까지 하나님은 그분이 약속하신 모든 일을 이루어 오셨기 때문이다. 이를 통해 우리는 아직 이루어지지 않은 약속들도 하나님이 모두 지키실 것이라는 확신을 얻게 된다. 한 예로, 현 세대는 사람의 죄에 대한 죽음의 심판 아래 놓여 있지만, 그럴지라도 하나님은 회개하고 그분을 신뢰하는 이들의 죄를 용서하실 뿐 아니라 그리스도 안에서 그분께 속한 이들에게 영원한 생명을 주시기로 약속하셨다(롬 6:23). 하나님은 자신의 약속을 지키시는 분이므로, 그리스도께서 부활하신 것처럼 우리도 미래에 부활하게 된다는 약속 역시 확실하다.

하나님의 은혜

하나님이 인류의 역사 전체에 걸쳐 과분한 은혜를 베풀어 오신 일에 관해서는 풍성한 증거들이 있다. 이 점은 에스더 이야기에서도 뚜렷이 나타난다. 여기서 에스더나 모르드개는 유대의 관습적인 면에서나 생활방식의 측면에서 완전무결한 인물로 묘사되지 않는다. 라니악이 통찰력 있게 언급하듯이, "성경 이야기에서 어떤 영웅들을 묘사할 때면, 그들의 결점과 약점, 도덕적인 실패가 거의 언제나 당혹스러우리 만큼 투명하게 언급되곤 한다. … 성경의 역사에서 하나님이 행하신 구원의 일들을 기릴 때(하나님의 이름이 언급되든 아니든), 대개 그 일들은 가장 가능성이 없어 보이는 협력자들을 통해 이루어진 것들이다."[69] 모르드개는 하만의 권위에 도전함으로써 그를 격분시켰다. 그는 겉으로라도 하만에게 존경을 표해야 했지만 그렇게 하기를 거절했다. 이렇게 행함으로써, 그는 바사의 왕이 내린 규례를 고의로 어긴 셈이 되었다. 그러나 서술자는 오래전부터 존재해 온 종교적인 적개심 외에는 모르드개가 이렇게 행한 다른 이유를 알려 주지 않는다.

에스더는 빼어난 미모를 지니고 있었지만, 에스더 자신도, 모르드개도 그녀가 왕의 후궁으로 모집되는 일을 거부하지 않는다. 그녀는 자신의 유대적인 신앙을 어기고 왕의 요구대로 '합의에 의한' 성관계를 가지며, 이 '합법적인' 하룻밤을 보내면서 왕의 침실에서 자신의 미모를 과시한다. 이 점에서 왕에게 깊은 인상을 준 에스더는 그의 호의를 얻고 마침내 왕후가 된다. 하지만 이처럼 유대의 관습에 어긋나게 살면서 그 율법과 도덕률을 지키지 않았

---

[69] Allen and Laniak, *Ezra, Nehemiah, Esther*, 183.

> 이처럼 유대의 관습에 어긋나게 살면서 그 율법과 도덕률을 지키지 않았음에도 불구하고, 에스더는 하나님의 일에 쓰임을 받았다.

음에도 불구하고, 에스더는 하나님의 일에 쓰임을 받았다. 에스더의 이런 성향들은 그녀가 왕후에 오르는 데 도움을 주었으며, 그녀가 이 자리에 오른 것은 이후 유대인들이 생명을 보존하는 데 결정적인 원인이 되었다. 그러므로 모르드개와 마찬가지로 에스더 역시 하나님의 은혜를 상징적으로 보여 주는 인물이다.

이 진리 역시 그리스도인들의 삶을 변화시킨다. 우리 중 아무도 완전무결한 사람은 없기 때문이다. 우리가 온갖 흠을 지녔으며 하나님이 규정하신 거룩한 삶의 방식에서 벗어난 이들임에도 불구하고, 하나님은 그런 우리까지도 그분의 일에 들어 쓰신다. 그뿐 아니라 하나님은 우리의 결함을 통해 일하심으로써, 그 일을 행한 이는 우리가 아니라 그분 자신이심을 사람들로 하여금 깨닫게 하신다.[70] 우리 삶에서 역사하는 하나님의 은혜는 그분의 영광을 드러낸다. 찬양을 받을 이는 하나님이 자신의 목적을 이루기 위해

---

[70] 잡스는 이렇게 언급한다. "창세기에서 계시록에 이르는 성경의 이야기는 곧 예수 그리스도 안에서 하나님이 타락한 인간과 화목을 이루어 가시는 이야기이다. 성경의 이야기에 등장하는 인물들 가운데, 예수님 외에는 미덕의 참된 본보기가 되는 이가 없다. 각 인물들은 저마다 심각한 성격상의 결함이나 문제가 있는 동기를 드러낸다."(*Esther*, 140) 이 점 때문에, 오직 예수님만이 우리의 본이 되실 수 있다.

들어 쓰시는 불완전한 사람들이 아니라 하나님 바로 그분이시다!

하나님의 통치

에스더 이야기는 광대한 제국을 다스리는 장엄하고 강력한 군주의 모습으로 시작된다. 그는 온 세상에서 가장 큰 권세를 지닌 인물이다. 하지만 이 세상을 통치하시는 진정한 왕은 보이지 않는 곳에서 은밀히 임재하고 계신다. 그분은 사람들의 눈에 보이지 않지만, 그럼에도 온 세상을 다스리신다. 그리고 그분은 상상할 수 없을 만큼 강력하신 분이다. 그분은 그저 한 시대만이 아니라 영원무궁토록 통치하신다. 그분의 통치에 견줄 만한 것은 없으며, 그분의 나라에는 끝이 없다. 마침내 역사가 대단원의 막을 내릴 때(그때가 언제일지는 모르지만), 세상의 모든 통치자들은 만왕의 왕이며 만주의 주이신 그분 앞에 절하게 될 것이다. 다니엘 이야기(단 4:34-35)와는 달리, 에스더 이야기에서는 모르드개와 에스더가 섬기는 왕이 가장 높으신 분임을 이 땅의 왕이 고백하지 않는다. 그러나 예수님은 궁극적인 왕으로서, 하늘에 계신 성부 하나님께로부터 모든 이름 위에 뛰어난 이름과 궁극적인 영예를 얻으셨다. 이는 예수님이 이 세상을 하나님의 심판에서 건져 내기 위해 자기 목숨을 희생하셨기 때문이다(빌 2:9-11).

이 진리 역시 그리스도인의 삶을 변화시킨다. 이를 통해 우리

> 하나님은 그분의 형상으로 지으신 이들과 친밀히 교제하기를 원하시는 사랑이 많은 통치자이시다.

는 하나님이 이 세상을 다스리심을 확실히 알게 되기 때문이다. 하나님은 시간이 생겨날 때부터 세상을 통치하셨으며, 시간이 끝나기까지 계속 그리하실 것이다. 그 이후에도 영원토록 통치하실 것이다. 하나님은 그분의 형상으로 지으신 이들과 친밀히 교제하기를 원하시는 사랑이 많은 통치자이시다. 언젠가 그리스도 안에 있는 모든 이들은 그리스도와 함께 영원히 다스리게 될 것이다(계 22:3-5).

| 읽 어 볼 글 들 |

- 잠언 16:9; 19:21
- 베드로전서 2:11-12

| 생 각 해 볼 질 문 |

01 에스더 이야기는 비록 하나님이 사람의 눈에는 보이지 않지만 그럼에도 우리의 삶과 이 세상의 일들 속에서 역사하고 계심을 어떻게 입증해 주는가?

___

___

___

02 당신은 하나님이 결함 많은 사람들을 들어 쓰셔서 그분의 목적을 이루어 가신다는 점을 어떻게 생각하는가? 이런 사실은 어떤 식으로 우리에게 하나님이 우리의 삶 역시 들어 쓰실 수 있다는 희망을 주는가?

___

___

___

03 당신의 삶에 나타나는 특징 가운데서, 당신이 매일의 삶에서 하나님을 신뢰하고 있음을 명백히 드러내는 것이 있다면 그것은 무엇인가?

___

___

___

참고 문헌

Allen, Leslie C., and Timothy S. Laniak. *Ezra, Nehemiah, Esther.* Understanding the Bible Commentary Series. Grand Rapids: Baker, 2012.

Bartholomew, Craig. G., and David J. H. Beldman, eds. *Hearing the Old Testament.* Grand Rapids: Eerdmans, 2012.

Beckett, Michael. *Gospel in Esther.* Milton Keynes, UK: Paternoster Press, 2002.

Berlin, Adele. *Esther.* JPS Bible Commentary. Philadelphia: Jewish Publication Society, 2001.

Bloomfield, Peter. *The Guide: Esther.* Darlington, UK: Evangelical Press, 2002.

Bush, Frederic. *Ruth, Esther.* Word Biblical Commentary 9. Dallas: Word, 1996.

Clines, David J. A. *The Esther Scroll: The Story of the Story,* Journal of the Study of the Old Testament Supplement Series 30. Sheffield, England: JSOT Press, 1984.

Dandamayev, Muhammad A. "Courts and Courtiers i. In the Median and Achaemenid periods." In *Encyclopedia Iranica.* Winona Lake, IN: Eisenbrauns, 1982-. Article published December 15, 1993. Last modified November 2, 2011. http://www.iranicaonline.org/articles/courts-and-courtiers-i.

Duguid, Iain M. *Esther & Ruth.* Reformed Expository Commentary. Philipsburg, NJ: P&R Publishinng, 2005.

Dumbrell, William J. *The Faith of Israel: A Theological Survey of the Old Testament.* Nottingham: Apollos, 1988.

Firth, David. *The Message of Esther.* The Bible Speaks Today. Downers

Grove, IL: InterVarsity Press, 2010.

Fox, Michael. V. *Character and Ideology in the Book of Esther*. Grand Rapids: Eerdmans, 1991.

Gordis, Robert. "Studies in the Esther Narrative." *Journal of Biblical Literature* 95 (1976): 43-58.

Jobes, Karen. *Esther*. NIV Application Commentary. Grand Rapids: Zondervan, 1999.

Kuhrt, Amélie. *The Ancient Near East c. 3000-330 BC*. Vol. 2. New York: Routledge, 1995.

Milne, Bruce. *Know the Truth*. Downers Grove, IL: InterVarsity Press, 1982.

Moore, Carey A. *Esther*. Anchor Bible 7B. Garden City, NY: Doubleday, 1971.

Paton, Lewis Bayles. *The Book of Esther*. International Critical Commentary. Edinburgh: T&T Clark, 1908.

Reid, Debra. *Esther: An Introduction and Commentary*. Tyndale Old Testament Commentaries 13. Downers Grove, IL: IVP Academic, 2008.

Sternberg, Meir. *The Poetics of Biblical Narrative*. Bloomington: Indiana University Press, 1987.

Tidball, Dianne. *Esther: A True First Lady*. Fearn, Milton Keynes, Scotland: Christian Focus Publications, 2001.

Tull, Patricia K. "Esther, Book of." In *The Lexham Bible Dictionary*. Edited by John D. Barry, et al. Bellingham, WA: Lexham Press, 2012-2015.

Webb, Barry. *Five Festal Garments: Christian Reflections on The Song of Songs, Ruth, Lamentations, Ecclesiastes and Esther*. New Studies in Biblical Theology. Downers Grove, IL: InterVarsity Press, 2000.

Whitcomb, Kelly A., and Trisha Wheelock. "Esther, Additions to." In *The Lexham Bible Dictionary*. Edited by John D. Barry, et al. Bellingham, WA: Lexham Press, 2012-2015.

Yamauchi, Edwin. *Persia and the Bible*. Grand Rapids: Baker, 1990.